U0903872
中国石油

CNPC-LH29

中国石油西南化工销售组织史资料

（2001.12—2013.12）

中国石油西南化工销售分公司人事处　编

石油工业出版社

图书在版编目（CIP）数据

中国石油西南化工销售组织史资料：2001—2013/中国石油西南化工销售分公司人事处编．—北京：石油工业出版社，2016.5
ISBN 978-7-5183-1240-5

Ⅰ．中…
Ⅱ．中…
Ⅲ．石油企业-工业企业管理-史料-西南地区
Ⅳ．F426.22

中国版本图书馆CIP数据核字（2016）第081019号

中国石油西南化工销售组织史资料（2001—2013）
中国石油西南化工销售分公司人事处　编

项目统筹：白广田　鲜德清
图书统筹：王　昕　李廷璐
责任编辑：李廷璐
责任校对：王　颜　张　磊
出版发行：石油工业出版社
（北京安定门外安华里2区1号　100011）
网　址：www.petropub.com
编辑部：（010）64523611　62067197
图书营销中心：（010）64523633　64523731
印　刷：北京中石油彩色印刷有限责任公司

2016年5月第1版　2016年5月第1次印刷
787×1092毫米　开本：1/16　印张：7
字数：110千字

定价：78.00元
ISBN 978-7-5183-1240-5
9 787518 312405

《中国石油西南化工销售组织史资料》

《中国石油西南化工销售组织史资料》编纂人员名单

编纂工作领导小组

主　　编：杨继胜

副 主 编：刘丽华　马　健　蒋浩波　任仕菊　马晓玲

编纂办公室

主　　任：陆伟文

副 主 任：廖良成　脱继庆　赵景洪

编纂工作组

编纂组组长：朱新华

编纂组成员：丁学笃　何　晨　陈　琰　付　阳

熊　超　梁　东　阎丽霞　侯春丽

前　　言

盛世修志，鉴往知来，《中国石油西南化工销售组织史资料》（2001—2013）是以编年体和纪事本末体编纂的资料书籍，较为全面、系统、客观、准确地记录了西南化工销售分公司13年的发展历程，重点对组织机构的历史沿革、发展历程、人事变动等方面做了翔实记载。在编撰过程中，按照“广征、核准、精编、严审”的工作方针，以档案、文件为依据，反复斟酌，数易其稿，认真梳理了西南化工销售分公司组织发展脉络，全面总结西南化工销售分公司发展成就，形成了系统翔实的组织史资料。

西南化工销售分公司前身为化工与销售西北分公司，2001年12月，为推进化工产品销售体系整合，统一组织化工产品区域销售，中国石油天然气股份有限公司决定撤销化工与销售西北分公司，组建化工与销售西南分公司，机构规格为正处级。2008年12月，更名为西南化工销售分公司，机构规格调整为副局级。

西南化工销售分公司自2001年12月成立以来，整合了中国石油在西南地区的化工销售资源和网络，畅通资源渠道，开发区域市场，挖掘潜在客户，依托中国石油天然气股份有限公司产销研一体化技术平台，不断开发新产品市场，先后与兰州石化、独山子石化、吉林石化、大庆石化以及石化研究院、四川大学等炼化生产企业和科研院所开展合作，完成了医用聚烯烃专用料、ABS空调专用料等十几个新产品的立项及开发工作，科技成果转化推广成效显著，产品结构不断完善，主销品种涵盖合成树脂、合成橡胶、合成纤维、有机化工等多个门类200多个牌号。销量和销售收入稳步增长，各项指标逐年向好。2011年，全年实现销量116.5万吨，实现销售收入116.3亿元，实现“双百”目标；2013年，全年实现销量146.2万吨，实现销售收入129.2亿元。年销售从公司成立之初的12万吨增长近150万吨，年销售收入从12亿元增加到近130亿元。截至2013年12月，累计实现销量810万吨，销售收入750亿元，连续多年跻身四川省50强企业行列。

西南化工销售分公司全体员工在奋斗、探索的历程中，始终秉承中国石油“奉献能源、创造和谐”的企业宗旨，积极践行“以实立人、和谐致远、共同发展”的核心价值观，以“建设国内一流的化工专业营销公司”为发展愿景，凝心聚力、阔步前行，实现了跨越式发展。一系列成就的取得，无不凝聚着公司全体干部员工的辛勤与汗水，彰显了公司管理层锐意进取、创新发展的智慧和脚踏实地、真抓实干的求实精神。西南化工销售分公司的发展历程，为中国石油的发展建设谱写了绚丽的篇章。《中国石油西南化工销售组织史资料》（2001—2013）的问世，不仅为公司留下了宝贵的精神财富，还在“资政、存史、育人、交流”方面发挥积极作用。通过了解西南化工销售分公司的发展历程，唤起对公司往昔岁月的美好回忆，激发干部员工对化工营销事业的热爱和对美好未来的憧憬，以更加坚实的步伐，携手同行，再铸辉煌，朝着更高的目标努力奋进。

2015 年 12 月

凡　例

一、本书按照中国石油天然气集团公司印发的《〈中国石油组织史资料〉编纂工作方案》《〈中国石油组织史资料〉编纂技术规范》进行编纂。

二、指导思想及原则方针。本书坚持实事求是的原则，坚持“广征、核准、精编、严审”八字工作方针，全面客观记述西南化工销售分公司组织机构的历史沿革、发展历程、人事变动等主要情况。

三、断限。本书收录上限始自 2001 年 12 月，下限断至 2013 年 12 月。

四、指代。书中“集团公司”指代中国石油天然气集团公司，“股份公司”指代中国石油天然气股份有限公司，“化工与销售西南分公司”指代中国石油天然气股份有限公司化工与销售西南分公司，“西南化工销售分公司”指代中国石油天然气股份有限公司西南化工销售分公司。

五、资料收录范围。本书收录的资料主要包括组织机构沿革及领导成员名录；组织人事统计资料、附图附表资料；组织人事大事纪要。

组织机构收录范围主要是依据行政隶属关系和股权管理确定，主要包括公司机关部门、所属二级单位机构。

领导名录收录范围主要按照干部管理权限确定，主要包括公司领导班子成员；公司机关部门、所属二级单位领导班子成员，收录到公司管理的副科级以上干部。

附图附表资料主要收录组织机构名录、主要指标完成情况、员工队伍结构情况、历年党组织、党员人数及历年荣誉。

组织人事大事纪要主要收录主要包括组织干部、人事劳资等重要事件的时间、决定机关、依据文件、主要内容或结果等。

六、资料的编纂原则。党、政组织机构较详，其他组织机构较略；西南化工销售分公司时期较详，化工与销售西南分公司时期较略；组织机构及领导成员较详，其他资料较略。

七、编纂结构体例。本书共设三编：第一编 化工与销售西南分公司（2001. 12—2008. 12）；第二编 西南化工销售分公司（2008. 12—2013. 12）；附编 组织人事大事纪要（2001—2013）。

第一编，以化工与销售西南分公司领导机构、机关部门、所属二级单位、基层党组织、附录分立五章。

第二编，以西南化工销售分公司领导机构、机关部门、所属二级单位、党工团组织、附录分立五章。

附编，按照大事纪要的编纂体例，分年度列条目编排。

八、资料编排。本书采用文字叙述、组织机构及领导人员名录、图表相结合的编纂体例进行资料编排。

（一）文字叙述的编排。文字叙述采取编年体和纪事本末体编纂相结合的记述方式，主要记述该时期组织机构的基本简况、沿革变化及其历史背景，在经营管理、党的建设、企业文化建设中所采取的重大决策、重要措施和取得的主要成绩等内容。

（二）组织机构沿革的编排顺序。一般按机构成立时间先后或编纂上下限的顺序排列；成立时间相同或相近的，依据文件中的顺序排列；所属销售部、分公司按成立机构文件中的顺序排列；行政组织、党的组织和工会组织，按行政组织、党的组织、工会组织依次编排。

（三）领导名录的编排顺序。一般按先正职后副职和任职时间先后的顺序排列；同时进班子的，按任免文件中的顺序排列；一人兼任多职的，按不同职务序列名称分别排列；除上级领导兼任下级职务或任免文件中明确规定兼任的同一班子内的平级职务，如“安全总监”标注“兼任”外，其他一人兼任多职一般不标注“兼任”。

本书领导名录编排顺序不代表班子成员实际排序。

九、本书收录的领导成员资料包括其职务（含兼职）、姓名、性别中的女性、少数民族族别、外国人，国籍、任职起止年月等人事状况。领导成员实际行政级别与组织机构行政规范不一致的，均在任离职时间括号内加备注。涉及同一人兼职、女性、少数民族等人事状况的备注，仅在本书第一次出现时加注。

十、组织机构设立和撤销时间，以上级管理部门正式下发的文件或机构正式运行时间为准。

十一、领导成员任离职时间，均以任免时间为准，档案资料与本人到离职时间不一致的，按实际情况描述。同一人有几级任免文件的，按干部管理权限，以文件任免时间为准。机构撤销时间，新的领导人接替时间，副职升为正职时间，随机构名称变更而职务变化的时间，以公司行政及公司党委行文时间为准。

十二、本书入编机构。主要为股份公司文件批准设立的组织机构，其他各种临时机构、虚设机构、领导小组、委、办等非常设机构均未收录。

十三、本书一律使用规范的简化字。采用公历纪年，年代、年、月、日和记数、计量、百分比均用阿拉伯数字。表示概数或用数字构成的专用名词用汉字数字。货币单位除特指外，均指人民币。

十四、本书收录的资料，仅反映组织机构沿革、领导成员更迭变动和干部队伍发展变化的历史，不作为机构和干部个人职级待遇的依据。

十五、本书采用行文括号注。行文括号注包括领导成员的人事状况，组织的又称、简称、代称，专用语全称与简称的互注等。同一内容的注释，只在本书第一次出现时注明一次。

十六、特别说明

（一）为保证组织机构沿革的连续性，资料编辑以2001年12月为起始点，部分资料追溯到2000年8月化工与销售西北分公司时期。为了更清楚地说明公司的历史沿革和领导机构情况，分化工与销售西南分公司时期和西南化工销售分公司两个时期进行编写。两个过渡时期，即化工与销售西南分公司成立时，班子领导成员延续化工与销售西北分公司时期的状况；西南化工销售分公司成立时，班子领导成员延续化工与销售西南分公司时期的状况。

（二）第一编（化工与销售西南分公司时期）第四章附录部分的统计内容，包括：组织机构名录、主要指标完成情况、员工队伍结构情况及历年党团员和党组织情况，由于公司领导班子于2004年9月由股份公司正式任命，同年10月成立公司党委，故上述统计内容自2004年开始。

（三）第二编（西南化工销售分公司）第四章第一节党组织中公司党委2009年4月决定成立机关党总支，但公司基层党支部机构和领导仍延续原化工与西南分公司时期的状况，直到2009年9月机构进行调整、领导进行重新任命，故第一编中基层党组织时间延长至2009年9月。

十七、本书原始资料来源：公司档案文书资料，各分公司征集上报资料，公司历年文件选编、会议材料、工作总结、统计报表等。收录的资料由于时间跨度较大，部分早期资料遗缺，难免出现错漏和误差，有待匡正。

目　　录

第一编　化工与销售西南分公司
（2001.12—2008.12）

第二编　西南化工销售分公司
(2008. 12—2013. 12)

附编　组织人事大事纪要（2001—2013）

综　述

西南化工销售分公司前身为2001年7月中国石油天然气股份有限公司组建的化工与销售西北分公司。西南化工销售分公司经历化工与销售西南分公司、西南化工销售分公司两个历史阶段。

2001年12月，为推进化工产品销售体系整合，统一组织化工产品区域销售，股份公司决定撤销化工与销售西北分公司，组建化工与销售西南分公司，业务上由化工与销售分公司（炼油与化工分公司）归口管理，机构规格为正处级。办公地点设在四川省成都市青羊区顺城大街206号四川国际大厦。

2008年12月，股份公司决定，化工与销售西南分公司更名为西南化工销售分公司，机构规格调整为副局级，行政上由股份公司直接管理，业务上由炼油与化工分公司归口管理。2010年6月，办公地点由四川国际大厦迁至成都市金牛区金科南路1号黑格中心。

一、组织机构沿革与领导调整

（一）组织机构沿革

2001年12月，股份公司决定，成立中国石油天然气股份有限公司化工与销售西南分公司，公司机关设4个部门：综合管理部、储运部、财务部和业务部。

2002年9月，综合管理部拆分为综合部和管理部。

2003年8月，化工与销售分公司决定，化工与销售西南分公司成立成都、昆明、重庆、西安、长沙5个驻外销售部。

2004年4月，化工与销售分公司决定，撤销储运部，储运业务划转化工与销售西北分公司，部分人员随业务划转。同月，设5个驻外销售部：重庆销售部、昆明销售部、贵阳销售部、西安销售部、长沙销售部。11月，业务部拆分为业务一部、业务二部、业务三部。

2006 年 10 月化工与销售西南分公司机关设 8 个部门：综合部、管理部、财务部、审计部、技术服务部、业务一部、业务二部、业务三部。

2009 年 6 月，股份公司决定，化工与销售西南分公司组织机构设 8 个职能处室：总经理办公室（党委办公室）、计划调运处、人事处（党委组织部）、党群工作处（企业文化处）、财务处、企管法规处（质量安全环保处）、审计监察处（纪委办公室）和市场信息与价格处；6 个业务处室：技术服务处、业务一处、业务二处、业务三处、业务四处和仓储配送处；6 个销售分公司：设成都销售分公司、重庆销售分公司、长沙销售分公司、西安销售分公司、昆明销售分公司和贵阳销售分公司。

2009 年 9 月，股份公司决定，将成都、重庆、长沙、西安、昆明和贵阳 6 个销售分公司分别更名为四川分公司、重庆分公司、湖南分公司、陕西分公司、云南分公司、贵州分公司。

2012 年 3 月，股份公司批复，同意成立彭州调运分公司和业务五处。

截至 2013 年 12 月，西南化工销售分公司共设 8 个职能处室，7 个业务处室和 7 个二级单位，共有员工 267 人。

（二）领导班子调整

2001 年 12 月，股份公司决定，撤销化工与销售西北分公司，组建中国石油天然气股份有限公司化工与销售西南分公司，领导班子成员延续原化工与销售西北分公司时期的状况。

2002 年 5 月，股份公司决定，刘军任化工与销售西南分公司临时负责人。9 月，股份公司决定，秦明星任化工与销售西南分公司总经理，刘军不再担任临时负责人。11 月，化工与销售分公司党委决定，成立化工与销售西南分公司临时党支部，秦明星任临时党支部书记、王建立任组织委员、刘丽华（女）任宣传委员。

2004 年 9 月，股份公司决定，调整化工与销售西南分公司领导班子，刘丽华继续任副总经理兼总会计师，马健任副总经理，王建立继续任副总经理。10 月，化工与销售分公司党委决定，成立中共化工与销售西南分公司委员会，党组织关系隶属于化工与销售分公司党委。12 月，成立中国石油化工与销售西南分公司工会委员会。

2005年4月，化工与销售分公司党委决定，秦明星、刘丽华、马健、王建立、蒋浩波任党委委员，秦明星负责党委工作。5月，成立中共化工与销售西南分公司纪律检查委员会。

2006年2月，选举刘丽华为工会主席，蒋浩波为副主席。

2008年8月，股份公司决定，杨继胜担任化工与销售西南分公司临时负责人。11月，集团公司、股份公司决定杨继胜任化工与销售西南分公司总经理、党委书记，免去秦明星的化工与销售西南分公司总经理职务。12月，化工与销售西南分公司更名为西南化工销售分公司，机构规格调整为副局级。

2009年4月，集团公司、股份公司决定，调整西南化工销售分公司领导班子，杨继胜任总经理、党委副书记；马生荣任党委书记、纪委书记、工会主席、副总经理；刘丽华任副总经理兼总会计师、党委委员；马健任副总经理、党委委员，王建立任副总经理兼安全总监、党委委员。9月，股份公司决定，副总经理马健兼任西南化工销售分公司安全总监。

2011年7月，股份公司决定，蒋浩波任西南化工销售分公司副总经理、党委委员。

2013年11月，集团公司、股份公司决定，陈长青任西南化工销售分公司党委书记、纪委书记、工会主席、副总经理，免去马生荣西南化工销售分公司党委书记、纪委书记、工会主席、副总经理职务，另有任用。

二、主要发展成就

（一）明确发展战略，保障企业经营业绩

西南化工销售分公司紧紧围绕集团公司整体战略目标，秉承“奉献能源、创造和谐”的企业宗旨，以“建设国内领先的化工专业营销公司”为发展愿景，坚持“诚信负责、服务至上、卓越品牌、和谐共赢”营销理念，践行“以实立人、和谐致远、共同发展”核心价值观，大力实施“市场引领、区域销售、技术支持、文化兴企、人才强企”五大战略。通过不断强

化科学管理，积极推进营销创新，梳理优化内部组织结构，全面推行区域化管理、区域化销售，营销队伍建设、整体营销实力显著提升。经过多年的奋斗与发展，西南化工销售分公司主营业绩稳步提高，组织机构不断完善，经营管理日趋规范，队伍素质显著提高，初步探索出一套既符合中国石油化工统销战略，又具有自身特色的营销体制机制。

按照股份公司部署，西南化工销售分公司整合中国石油在西南地区的化工销售资源和网络，负责合成树脂、合成橡胶、合成纤维、有机化工四大类化工产品在四川、重庆、陕西、湖南、云南、贵州五省一市的统销业务。

2001 年至 2008 年，通过开发区域市场，挖掘潜在客户，整合销售网络，畅通资源渠道等措施，化工产品年销量由 12 万吨增长到 59 万吨，销售收入从 12 亿元提高到 62 亿元。

2009 年，西南化工销售分公司完成机构规格、组织框架、经营理念、发展战略的转型升级，当年实现销量 62. 7 万吨，销售收入 53. 4 亿元，利润 6610 万元，购销率 99%，直销率 49. 5%，上缴税费 2600 余万元。

2010 年，西南化工销售分公司明确“建设国内领先的化工专业营销公司”的战略目标：即通过一段时期的努力，市场占有率、产品直销率、单位商品盈利能力、销售创效能力等主要经济技术指标创国内同行业一流水平，尽早把西南化工销售分公司建设成国内领先的化工专业营销公司。当年完成销量 82. 6 万吨，同比增加 19. 9 万吨，增长 32%；实现销售收入 80. 7 亿元，同比增加 27. 3 亿元，增长 51%；实现利润 8017 万元，同比增加 1407 万元，增长 21%，上缴税费 5325 万元，增长幅度超过 100%。

2011 年，西南化工销售分公司围绕“发展、转变、和谐”三件大事，践行“科学组织、精细管理、做强做大、全面发展”工作方针，通过创新营销思路，强化三基工作，推进精细化管理，当年实现销量 116. 5 万吨，实现销售收入 116. 3 亿元，提前 44 天完成“双百”（销量 100 万吨、销售收入 100 亿元）目标，实现历史性突破。

2012 年，西南化工销售分公司面对化工市场低迷不振、量价齐跌的严峻形势，提出以科学发展观为统领，深入贯彻落实集团公司、股份公司和炼油与化工分公司各项工作部署，坚持“五大战略”“四大理念”，持续推进“三基”工作和精细化管理，着力提升运营质量和效益，着力抓好重点工作落实，固本强基、稳中求进、扎实工作、科学发展，向国内领先的化工专业营销公司迈进的工作思路。克服资源、运输等诸多困难，2012 年实现销量 124.8 万吨、同比增长 7%，实现销售收入 115.3 亿元；净利润 2404 万元、同比增长 17%；上缴税费 6907 万元。

2013 年，西南化工销售分公司以党的十八大精神为指引，突出销售经营业务，深化管理提升，强化安全环保，狠抓执行落实。突出质量效益，科学精细组织，主动作为，迎难而上，当年实现销量 146.2 万吨，增幅 17%；实现销售收入 129.2 亿元，增幅 12%；实现税前利润 4227 万元，同比增长 1823 万元；上缴税费 9874 万元；全面完成 KPI 指标。

（二）优化营销网络，拓宽产品销售渠道

科学合理布局，营销组织架构完备。通过科学布局营销网络、强化营销网点建设，在稳定已有大用户和直供用户的同时，持续拓展销售终端，开发潜在大用户和新的直供用户，逐步形成长期稳定的销售主渠道。2004 年，化工与销售西南分公司组建 5 个驻外销售部，营销网络建设逐步向纵深发展。2009 年，西南化工销售分公司将原有 5 个驻外销售部变更为销售分公司，形成以川渝为核心、湘陕云贵为成长点，覆盖西南五省一市的成熟营销网络，区域市场布局更加科学合理，为西南化工销售分公司营销规模的进一步拓展创造有利条件。2012 年，随着四川销售分公司的成立和运行，标志着西南化工销售分公司区域化管理、区域化销售战略的全面实施。

规范管理机制，客户队伍不断壮大。通过持续完善客户管理，不断优化用户队伍结构，提升用户队伍忠诚度，增强公司抵御市场风险的能力。2009 年，西南化工销售分公司实施客户分级管理机制，先后与贵州轮胎股份有限公司、娃哈哈集团公司、云南红塔塑胶有限公司等国内知名企业建立长期合作关系，与重庆市、南充市签订战略合作协议，开发华峰、蓬威等 9 家大型工业用户，与 20 家液体用户签订供货协议。通过执行互惠双赢的营销政策，支持优质客户的发展，有力提高客户的忠诚度，客户总数从成立之初的 15 家增加到近 200 家。

（三）加强技术支持，推进产品研发工作

专用料开发及销售取得重大进展。西南化工销售分公司坚持新产品开发和推广战略，依托股份公司产销研一体化技术平台，先后与兰州石化、独山子石化、吉林石化、大庆石化以及石化研究院、四川大学等炼化生产企业和科研院所开展合作，完成医用聚烯烃专用料、埋地钢管防腐料、BOPP 膜料、SBS 道改料、ABS 空调专用料等新产品的立项、开发和推广应用工作。一批符合市场需求、附加值高的专用料产品进入西南市场。截至 2013 年 12 月，公司累计销售高端专用料 81 万吨，约占统销总量的 27%。

科技成果转化推广成效显著。2007 年，ABS 空调专用料研究项目立项，标志着股份公司在化工销售公司科技立项的开始，后续公司又取得 15 项新产品开发科技立项；2013 年，在集团公司“聚烯烃新产品开发重大专项”工作中，西南化工销售分公司完成燃气管料、医用料等 8 个新产品开发科技立项。同时，为做好新产品应用试验工作，积极筹划，深入现场，全程跟踪，保证试验数据准确无误。截至 2013 年 12 月，西南化工销售分公司科技项目在股份公司累计立项 24 项，已验收 14 项。其中，与兰州石化公司合作研发的“BOPP 薄膜专用料开发”“SBS 系列道改专用料开发”2 个项目获得集团公司科技进步二等奖。

以技术为引领创新合作模式。西南化工销售分公司先后与 BASF 公司、四川晟达公司、北方红光特种化工公司、南充石化园区、成眉石化工业园区和彭州石化基地等地方政府和工业园区开展技术交流，签署资源产业战略合作，成功培育 BASF 在重庆 40 万吨/年 MDI、南充 100 万吨/年 PTA 等一系列项目落地并使用公司销售的化工原料 100 多万吨，使得四川石化的液体资源更多地消化在西南区域，有效降低外运物流成本。2013 年，西南化工销售分公司携手石油化工研究院和独山子石化公司与海大橡胶集团签订技术合作协议，解决海大集团轮胎生产过程中技术问题，顺利开拓溶聚丁苯在海大集团的销售市场。

（四）规范物流管理，保障仓储运输工作

提高管理标准，区域仓储不断优化。2009 年，西南化工销售分公司提出一个区域“一个中心库、一个备用库、多个二级库”的建库思路，制定

并不断完善仓储管理标准和仓储达标实施细则，对所有库房实施标准化、规范化管理，简化仓储库房管理出库流程，优化仓储费用核算标准，采用“服务监督卡”的方式实施监督，提高产品流转效率和服务质量。2012年，修订《警戒库存管理办法》《商务纠纷管理办法》《仓储管理办法》等制度，完善仓储管理应急预案体系，形成企业余量、产品在途、前沿库存、客户寄存和终端厂家“五位一体”的管理模式，促进资源向高效市场流动。

强化配送管理，提高服务水平。做好服务延伸，积极推进大物流发展战略。2009年5月，全面开展终端客户公路配送业务，制订《终端客户配送实施方案》，使公路配送工作做到执行有制度、定价有机制、服务有标准、工作有目标；2010年，逐步实施经销商配送；2011年，编制配送服务手册，配送服务体系逐步形成。随着站台配送的积极推行，客户自提成本有效降低。

优化调运管理，提高物流效率。通过调整运输方式和结构，优化产品运输流向、到站、转运线路和方式，强化重点产品发运，准确下达运输计划，重点计划、重点运输、重点客户资源得到保证。通过控制运输时点，合理调节企业余量、运输在途、前沿库需求、客户寄存、终端大厂库等节点产品数量，密切关注产品发运动态，紧盯超计划发运和重点运输计划完成率，坚持月度计划按周分解下达，抓好产品运输各个环节，降低运营成本，提高物流效率。

周密筹备四川石化产品调运工作。2013年，西南化工销售分公司与铁路总公司、四川省经信委、成都铁路局、成铁石化、四川石化等单位密切衔接，多次召开会议，为四川石化开工保运做好前期准备。克服铁道部改制以及四川石化专用线资质办理等方面的困难，仅用31天完成自备车购置手续，购置和租赁自备罐车近600辆，并根据四川石化开工进程，合理安排车辆投用时间，节约租车、停车费用2000多万元。

重庆仓储中心项目建设有序推进。为推进“区域化管理、区域化销售”和落实“大仓储、大物流”战略构想，西南化工销售分公司于2010年起，经过多方调研论证，决定在重庆市投资建设重庆仓储中心项目。2012年11月，重庆仓储中心项目正式获批，项目总投资近2亿元，建筑面积3.5万平方米，设计年周转量65万吨，是中国石油在西南区域首个自行设计、自主建设的化工产品固体库。2013 年 1 月，重庆仓储中心项目正式破土动工，截至 2013 年 12 月，仓储中心土建部分完工，进入仓库框架结构施工阶段。

（五）加强财务管理，为经营管理工作提供支撑。

建立完善财务资产管理及两级核算体系。严格遵守国家财税政策，贯彻落实上级各项管理要求，着力完善会计核算、健全财务管理体系。不断完善改进内部报表，实现报表报送时间固定，报送内容涉及资产、资金、费用、产品经营成果等多方位的财务数据。坚持将制度梳理、流程优化、财务检查等工作常态化，保证日常管理标准化和实用性。通过加强对分公司财务的管理，逐年完善、改进分公司核算范围，形成适合分公司区域化销售的核算体系。

加强预算和资金管理。严格执行预算管理制度，保证各项费用按照预算进度均衡发生。通过强化预算指标的分解，加强费用预警、分析的频率，形成事前预警、事中跟踪控制、事后分析总结的工作机制，确保合理、有效控制费用支出。科学编制资金计划，优化资金结构，严控资金审批、支付流程，确保公司资金安全。认真执行总部收支两条线管理要求，严格资金计划编制、执行考核，坚持“先款后货”原则，有效防范资金风险。

开展对标和经济活动分析。采取与化工销售大区公司横向纵向对标方式，分析查找影响销售节奏、产品结构、存货周转等方面的因素，促使销售业务不断改进，推动经营质量的持续提升。坚持成本和动态效益测算，通过编制日成本费用表、利润预测表、区域经营情况表，主动参与销售计划流向编制，为公司经营决策提供数据支持。

（六）夯实基础，提升管理水平

梳理业务流程，建立健全管理制度。2008 年 11 月，西南化工销售分公司正式启动制度梳理工作，共计发布制度 80 项。2009 年以来，根据机构调整和区域化管理战略需要，持续开展制度修订完善，共修订制度 76 项、新增制度 62 项、合并废止制度 9 项。截至 2013 年年底，制度总数达到 133 项。西南化工销售分公司制度体系基本完善，初步实现了制度系统化、规范化管理，培育了西南化工销售分公司按制度办事、靠制度管人的企业文化。

内控与风险管理体系不断完善。2004 年 3 月，西南化工销售分公司成立内控体系建设领导小组，明确各单位兼职内控工作联络员，通过持续宣贯培训和测试检查，内控规范已逐渐成为员工的工作习惯和自觉要求，各项业务的规范性已不断提高，2011 年至 2013 年连续 3 年顺利通过集团公司内控测试。

质量和 HSE 体系有效运行。2010 年，西南化工销售分公司启动质量和 HSE 管理体系建设工作，确定质量方针和质量目标，编写 16 项程序文件，完成《质量体系手册》，2012 年通过北京三星 9000 认证中心审核，获得质量管理体系认证证书。2010 年，成立 HSE 管理体系建设工作领导小组，制定公司 HSE 管理体系方针和目标，完成危害因素、环境因素的辨识与评价工作，编制完成公司《健康安全环境管理手册》《HSE 管理体系程序文件》。

法律风险防范体系初步建立。2011 年，按照集团公司要求，梳理涉及安全环保管理、交易管理、企业设立及运作管理、劳动关系管理、知识产权管理、财税管理、内部基础管理等 7 个业务领域，共 52 个法律风险源、150 个法律风险源具体表现，拟定相应防控措施 323 条，完成《法律风险防控体系手册》《法律风险岗位防控指引》的编制工作，西南化工销售分公司法律风险防控体系进一步完善。

牢固树立“红线”思维，严抓安全环保工作。执行集团公司反违章禁令，落实 HSE 九项管理原则，推行有感领导、直线责任、属地管理和安全经验分享等 HSE 管理理念，突出危险化学品仓储运输，资金资产、人员交通和办公场所等重点领域安全管理，落实“一岗双责”“党政同责”要求，不断完善全员岗位安全生产责任制，推行“安全联系点活动”和“安全经验分享”，着力构建内化于心、外化于行、固化于制的安全文化体制。

完善绩效体系建设。公司确定“全面考核、动态管理、科学分配、责权统一”四项考核原则，制定相关制度，根据业务设置考核评价内容、指标和标准，并采取目标管理、直接兑现的方式进行奖惩，形成以定量为主，定性为辅，尺度统一，标准统一的考核体系。以股份公司业绩考核指标为导向，优化关键业绩指标，加大效益类、营运类指标和安全环保质量事故的奖惩力度。坚持以业绩作为确定薪酬的主要标准，合理拉开前后线员工收入分配差距。强化流程管控，规范考核管理程序，建立起定期跟踪、适时反馈、严格考核、协助改进的全流程业绩监督和管理机制。

强化协调服务职能，发挥运转中枢作用。围绕销售经营中心工作，发挥参谋助手作用。严格执行中央八项规定和集团公司二十条要求，修订完善公司《接待管理办法》等制度，规范接待服务。建立公司信息工作机制，突出重点和时效。强化要害部门、关键岗位保密管理，机要密码受控运行，无失泄密事件发生。硬件软件同步推进，档案管理从 D 级单位升级到 B 级单位。

三、领导班子和人才队伍建设

（一）强化领导班子思想建设，提高统筹决策能力

加强领导班子建设，注重政治理论学习，强化思想作风建设，统筹决策能力不断提升。坚持中心组理论学习，采取集中宣贯、专题讨论等多种形式，提高两级领导干部的理论水平。开展科学发展观、正确政绩观和“两个务必”的教育，使党员领导干部牢记肩负的重大责任和历史使命。开展党的群众路线教育实践活动，通过自查自纠、民主评议、整改提高等举措，提高领导干部群众观念和民主决策意识。

（二）抓好干部队伍建设，不断提高整体素质

深化干部制度改革，完善干部队伍评价体系。西南化工销售分公司制定《干部管理规定》《中层领导班子和成员年度履职考核暂行办法》等规定，规范领导人员选拔任用标准和考核程序。坚持“任人唯贤、德才兼备、群众公认、注重实绩”的原则，选拔一批政治上靠得住、工作上有本事、作风上过得硬的同志走上管理岗位，为公司发展提供新生动力。截至 2013 年 12 月，西南化工销售分公司配备中层干部 50 人，平均年龄 44 岁。其中大学及以上学历达到 90%，中级以上职称占比 72%。

以制度建设为抓手，强化干部日常管理。建立健全发现问题、纠正错误和追究责任的工作机制，加强对重点环节和部位的监督。严格执行领导干部个人有关事项申报、重大事项报告、干部诫勉谈话和请（销）假制度，强化对中层管理人员的日常考核与管理。2012 年和 2013 年履职考核中，中层

班子优秀加较好率达到90%，95%以上的中层干部年度履职考核测评分高于90分。

（三）强化员工队伍建设，持续优化人力资源配置

完善培训体系，夯实管理基础。本着“按需培训、学用结合、统筹规划、突出重点、着眼长远、超前储备”的原则，编制、完善培训管理制度。定期制订《员工教育培训工作实施方案》，明确培训体系建设、重点培训项目、师资经费管理、培养方式目标、考核评价方法等内容，初步建立符合公司发展需要的员工培训体系。

创新培训形式，丰富培训载体。西南化工销售分公司建立内部培训师队伍，开展中层干部脱产培训、青年员工主题教育、新入职员工特色培训、产品技术知识培训、基础管理业务等培训项目。持续推进在职学历教育工作，改善员工学历层次。建立轮岗交流学习机制，组织各专业管理人员轮岗交流，提高员工岗位技能。

加强人才引进，优化队伍结构。西南化工销售分公司通过人员结构分析研究，确定不同发展阶段对人才的需求计划，采取系统内引进、社会招聘、毕业生接收等方式，补充专业化人才。截至2013年12月，西南化工销售分公司共有专业技术人员139人。其中副高级专业技术职称23人，占8.6%；中级专业技术职称73人，占27.3%；初级专业技术职称43人，占16%。硕士研究生学历15人，占5.6%；本科学历146人，占54.6%。化工产品营销专家12名，占4.5%。

四、党的建设和企业文化建设

（一）加强党建基础工作，党组织战斗堡垒作用更加突出

党组织建设日臻完善。建立健全党的基层组织机构，完善党委工作机构，2009年4月成立机关总支部委员会，下设4个机关支部。逐步组建重庆、云南、贵州、陕西、湖南5个基层党支部。2012年9月，西南化工销售分公司撤销直属机关党总支，成立直属机关党委，下设8个支部，增设四

川、彭州2个基层党支部。截至2013年12月，西南化工销售分公司党委下设直属机关党委1个、党支部15个，党员人数149人。

战斗堡垒作用有效发挥。以改革创新精神推动企业党的建设，提高企业党建科学化水平；坚持政治理论、政策法规、历史文化和理想信念教育，弘扬石油企业优良传统和作风；深化“四好”班子和“三型”党组织创建活动，提高引领公司科学发展的能力；持续开展“六个一”党支部创建和创先争优活动；围绕营销中心任务，带领党员积极投身到公司改革发展、和谐稳定的各项工作中。

拒腐防变能力不断提高。按照“党要管党、从严治党”的要求，制定《党风廉政建设责任制实施细则》等制度。通过举办预防职务犯罪专题警示教育讲座、剖析案例、参观警示教育基地、举办警示教育专栏等活动，引导员工筑牢拒腐防变的思想道德防线。落实党风廉政建设责任制，制定《党风廉政建设责任制实施细则》，将党员领导干部述职述廉与民主评议相结合，加强对党风廉政建设责任制落实情况的检查、考核，严格责任追究。落实集团公司惩防体系建设工作要求，制订公司惩防体系建设工作规划，着力推进惩防体系建设。认真抓好信访举报管理，加强信访举报和查办案件工作基础建设，保证信访主渠道畅通，开展反舞弊宣传，有效利用来信、来访、来电、手机短信、网络平台等信访举报方式，及时发现和掌握苗头性、倾向性问题，严肃查处违纪违规行为。

针对管理重点领域和关键环节，2009年至2013年，组织开展化工产品营销管理、制度执行情况、扩销产品销售管理、销售计划执行情况，以及集团公司八项规定等各类监督检查项目15个，发现和整改问题71个，提出意见和建议45条；组织中介机构开展办公楼装修及重庆建库项目跟踪等3个审计项目；协调相关部门配合集团公司组织经营管理审计及效能监察、ERP使用情况审计及内控管理层测试等5个项目，并负责跟踪落实检查发现问题的整改。

（二）培育特色文化理念，推进企业文化建设

结合企业实际，培育特色文化理念。将文化兴企战略作为公司发展战略之一，在中国石油企业宗旨、企业精神、企业核心价值观、核心经营管理理

念、企业标识和司旗司徽司歌等“六统一”的基础上，不断总结提炼公司发展、管理、营销、客户、安全、人才、道德理念，编制公司《企业文化手册》，形成具有西南公司特色的文化。

弘扬先进精神，着力抓好企业文化建设。持续对员工进行大庆精神铁人精神及石油优良传统作风的传承与教育，将企业文化与现代先进管理理念相融合，完善相关管理制度，寓文化理念于制度之中，结合多种主题教育实践活动，培养员工良好的自律意识和行为习惯。规范使用企业标识，开展企业形象和品牌宣传，不断提升企业知名度、信誉度和美誉度，树立公司良好的企业形象。

丰富活动载体，打造员工文化交流平台。西南化工销售分公司先后组织“我与西南公司共成长”“企业是我家”和“感恩、责任、忠诚、奉献”主题演讲比赛、迎春联欢活动、职工运动会、摄影书画展等寓教于乐的文体活动。加强公司网页建设，以《西南化工销售报》《晨曦》和《宣传专栏》为载体，传递公司发展正能量，打造员工文化交流的舆论平台，构筑宣贯公司发展战略、方针政策和工作部署的重要阵地。

第一编

化工与销售西南分公司

（2001. 12—2008. 12）

第一章　领导机构

2001 年 12 月，为推进化工产品销售体系整合，统一组织化工产品销售，股份公司决定，组建化工与销售西南分公司，业务上由股份公司化工与销售分公司归口管理，机构规格为正处级，主要负责开拓西南区域化工产品市场，办公地点设在成都市青羊区顺城大街 206 号四川国际大厦。

2002 年 5 月，股份公司决定，刘军任化工与销售西南分公司临时负责人，其他领导班子成员延续化工与销售西北分公司时期的状况。刘军主持全面工作，王建立主管销售、仓储，刘丽华主管财务。9 月，股份公司决定，秦明星任化工与销售西南分公司总经理，主持全面工作，刘军不再担任化工与销售西南分公司临时负责人。11 月，股份公司化工与销售分公司党委决定，成立化工与销售西南分公司临时党支部，党组织关系隶属于股份公司化工与销售分公司党委，秦明星任临时党支部书记、王建立任组织委员、刘丽华任宣传委员。

2004 年 9 月，股份公司决定，调整化工与销售西南分公司领导班子，刘丽华继续任副总经理兼总会计师，马健任副总经理，王建立继续任副总经理。总经理秦明星主持全面工作，副总经理兼总会计师刘丽华主管财务，副总经理马健主管销售，副总经理王建立主管仓储。10 月，股份公司化工与销售分公司党委决定，成立化工与销售西南分公司党委，党组织关系隶属于股份公司化工与销售分公司党委，并未进行领导任职。12 月，成立中国石油化工与销售西南分公司工会委员会。同月，化工与销售分公司批复同意蒋浩波任总经理助理。

2004 年 12 月，为更好地行使职工民主权利、维护合法权益，切实加强公司民主管理与民主监督，促进企业全面发展，根据《中华人民共和国工会法》和《中国工会章程》，经化工与销售西南分公司党委研究决定，成立化工与销售西南分公司工会委员会。

2005 年 4 月，化工与销售分公司党委决定，秦明星、刘丽华、马健、王建立、蒋浩波任化工与销售西南分公司党委委员，秦明星负责党委工作。

5月，股份公司化工与销售分公司党委同意成立中共化工与销售西南分公司纪律检查委员会。

2006年2月，工会委员会召开选举大会，刘丽华当选工会主席，蒋浩波当选工会副主席。

2008年8月，股份公司决定，杨继胜担任化工与销售西南分公司临时负责人①。11月，股份公司决定，杨继胜任化工与销售西南分公司总经理、党委书记，免去秦明星的化工与销售西南分公司总经理职务。12月，股份公司决定，将化工与销售西南分公司更名为西南化工销售分公司，领导班子延续到2009年4月。

一、化工与销售西南分公司领导名录（2001. 12—2009. 4）

临时负责人　刘　军（2001. 5—9）

杨继胜（2008. 8—11）

总　经　理　秦明星（2002. 9—2008. 11）②

杨继胜（2008. 11—2009. 4）

副 总 经 理　刘丽华（2001. 12—2009. 4）

王建立（2001. 12—2009. 4）

马　健（2004. 9—2009. 4）

总 会 计 师　刘丽华（2001. 12—2009. 4）

二、化工与销售西南分公司临时党支部领导名录（2002. 11—2005. 4）③

书　　　记　秦明星（2002. 11—2005. 4）

委　　　员　秦明星（2002. 11—2005. 4）

刘丽华（2002. 11—2005. 4）

王建立（2002. 11—2005. 4）

① 2008年8月，股份公司决定，杨继胜任化工与销售西南分公司临时负责人，由股份公司人事部在公司干部大会上宣布，但未下正式任职文件。

② 2008年8月至11月不在岗。

③ 2004年10月临时党支部撤销成立党委，但未进行领导任命，原临时党支部领导延续至2005年4月。

三、中共化工与销售西南分公司委员会领导名录（2005.4—2009.4）

书　　记　杨继胜（2008.11—2009.4）

委　　员　秦明星（2005.4—2008.11）[①]

刘丽华（2005.4—2009.4）

马　健（2005.4—2009.4）

王建立（2005.4—2009.4）

蒋浩波（总经理助理，2005.4—2009.4）

杨继胜（2008.11—2009.4）

四、中共化工与销售西南分公司纪律检查委员会领导名录（2005.5—2009.4）

书　　记　（空缺）

五、化工与销售西南分公司工会（2006.2—2009.4）

主　　席　刘丽华（2006.2—2009.4）

副 主 席　蒋浩波（总经理助理，2006.2—2009.4）

六、化工与销售西南分公司助理名录（2004.12—2009.4）

总经理助理　蒋浩波（2004.12—2009.4）

---

① 2008年8月至11月不在岗。

第二章　机关部门

2002 年 1 月，化工与销售西南分公司决定，机关设 4 个部门：综合管理部、储运部、财务部、业务部。9 月，化工与销售西南分公司决定，综合管理部拆分为综合部和管理部。人员编制 20 人。

2004 年 4 月，化工与销售分公司决定，将储运部机构和业务划转至化工与销售西北分公司。化工与销售西南分公司决定，机关调整为 4 个部门：综合部、管理部、财务部、业务部。11 月，化工与销售西南分公司决定，业务部拆分为业务一部、业务二部、业务三部，机关调整为 6 个部门。人员编制 39 人。

2006 年 10 月，化工与销售西南分公司决定，机关设 8 个部门：综合部、管理部、财务部、审计部、技术服务部、业务一部、业务二部、业务三部。其中审计部职责由综合部代为履行。人员编制 90 人。

2008 年 12 月，股份公司批复，化工与销售西南分公司更名西南化工销售分公司。机关设置延续化工与西南销售分公司时期的状况。

2009 年 6 月，股份公司批复，西南化工销售分公司机关设 8 个职能处室：总经理办公室（党委办公室）、计划调运处、人事处（党委组织部）、财务处、党群工作处（企业文化处）、企管法规处（质量安全环保处）、审计监察处（纪委办公室）、市场信息与价格处。6 个业务处室：仓储配送处、业务一处、业务二处、业务三处、业务四处、技术服务处。人员编制 190 人。

第一节　综合管理部（2002. 1—9）

2002 年 1 月，化工与销售西南分公司决定，设综合管理部，机构规格正科级，在册员工 10 人。

第二节　综合部（2002. 9—2009. 6）

2002 年 9 月，化工与销售西南分公司决定，设综合部，机构规格为正科级，在册员工 5 人。负责组织政工、人事劳资、综合管理、文秘档案工作。

2003 年 12 月，化工与销售西南分公司总经理助理蒋浩波兼任综合部经理。

2005 年 6 月，综合部共有党员 5 人，党组织关系隶属于第一支部。

截至 2008 年 12 月，综合部在册员工 9 人。

经　　理　蒋浩波（2003. 11—2004. 12；兼任，2004. 12—2005. 7）

副 经 理　陆伟文（2005. 7—2007. 10；正科级，2007. 10—2009. 6）

赵景洪（2007. 10—2009. 6）

第三节　管理部（2002. 9—2009. 6）

2002 年 9 月，化工与销售西南分公司决定，设管理部，机构规格为正科级，在册员工 10 人。负责市场调研与开发、市场信息、价格管理、综合计划、合同管理、销售结算、综合统计、产品服务、商务纠纷处理、法律事务、运输管理、安全质量等工作。

2005 年 6 月，管理部共有党员 4 人，党组织关系隶属于第二支部。

2006 年，化工与销售分公司决定，将化工与销售西北分公司储运业务划入化工与销售西南分公司，并由管理部负责。

截至 2008 年 12 月，在册员工 15 人。

经　　理　马　健（2003. 11—2004. 9）

杨文胜（2005. 7—2009. 6）

副 经 理　杨文胜（2003. 12—2005. 7）

王亚非（2007. 10—2009. 6）

杨　瑛（女，2009. 2—6）

高小盾（正科级，2009. 4—6）

第四节　储运部（2002.1—2004.4）

2002年1月，化工与销售西南分公司决定，设储运部，机构规格为正科级，在册员工3人。负责产品调运、仓储、商务纠纷及互供料。

2004年4月，储运部共有党员3人，党组织关系隶属于第二支部。

同月，化工与销售分公司决定，将储运部机构及业务划转至化工与销售西北分公司。

经　　理　薛喆磊（2003.11—2004.4）

副 经 理　徐　勇（2003.11—2004.4）

第五节　财务部（2002.1—2009.6）

2002年1月，化工与销售西南分公司决定，设财务部，机构规格为正科级，在册员工6人。负责公司预算、资金、核算、结算税务及价格审核。

2005年6月，财务部共有党员3人，党组织关系隶属于第一支部。

截至2008年12月，财务部在册员工13人。

2002年1月至2003年11月：

负 责 人　任仕菊（女，2002.1—2003.11）

2003年11月至2009年6月：

经　　理　任仕菊（2003.11—2009.6）

副 经 理　李　凡（女，2003.12—2009.6）

张　雯（女，2009.2—6）

邱永君（女，2009.4—6）

第六节　业务部（2002. 1—2004. 11）

2002 年 1 月，化工与销售西南分公司决定，设业务部，机构规格为正科级，在册员工 7 人。负责区内化工产品销售及管理。

2004 年 11 月，化工与销售西南分公司决定，将业务部拆分为业务一部、业务二部、业务三部。

经　　理　（空缺）

副 经 理　李恒大（满族，2003. 12—2004. 11）

第七节　业务一部（2004. 11—2009. 6）

2004 年 11 月，化工与销售西南分公司决定，设业务一部，机构规格正科级，在册员工 4 人。负责线性低密度、低密度聚乙烯两大类产品的销售管理工作。

2005 年 6 月，业务一部有党员 1 人，党组织关系隶属于第三支部。

截至 2008 年 12 月，在册员工 6 人。

2004 年 11 月至 2005 年 7 月：

负 责 人　蒋浩波（2004. 11—2005. 7）

2005 年 7 月至 2009 年 6 月：

经　　理　杜　疆（2006. 10—2009. 6）

副 经 理　杜　疆（2005. 7—2006. 10）

闫春雷（2009. 2—4）

第八节　业务二部（2004. 11—2009. 6）

2004 年 11 月，化工与销售西南分公司决定，设业务二部，机构规格正科级，在册员工 4 人。负责聚丙烯产品的销售管理工作。

2005 年 6 月，业务二部有党员 1 人，党组织关系隶属于第三支部。

截至 2008 年 12 月，在册员工 8 人。

2004 年 11 月至 2005 年 7 月：

负 责 人　杨明辉（2004. 11—2005. 7）

2005 年 7 月至 2009 年 6 月：

经　　理　杨明辉（2006. 10—2009. 6）

副 经 理　杨明辉（2005. 7—2006. 10）

刘显朋（2007. 10—2009. 6）

第九节　业务三部（2004. 11—2009. 6）

2004 年 11 月，化工与销售西南分公司决定，设业务三部，机构规格正科级，在册员工 4 人。负责橡胶、工程塑料和扩销业务。

2005 年 6 月，业务三部共有党员 2 人，党组织关系隶属于第三支部。

截至 2008 年 12 月，在册员工 4 人。

2004 年 11 月至 2005 年 7 月：

负 责 人　李恒大（2004. 11—2005. 7）

2005 年 7 月至 2009 年 6 月：

经　　理　李恒大（2005. 7—2009. 6）

副 经 理　丛　刚（2009. 2—6）

第十节　技术服务部（2006. 10—2009. 6）

2006 年 10 月，化工与销售西南分公司决定，设技术服务部，机构规格为正科级，在册员工 4 人。负责公司销售产品的市场开发，新产品推广、售后技术服务、产品质量纠纷鉴定、处理工作。

截至2008年12月，技术服务部在册员工6人。

2006年10月至2007年10月：

负 责 人　王俊琪（2006.10—2007.10）

2007年10月至2009年6月：

经　　理　王俊琪（2009.2—6）

副 经 理　王俊琪（2007.10—2009.2）

姜卫华（2009.2—6）

第十一节　审计部（2006.10—2009.6）

2006年10月，化工与销售西南分公司决定，设审计部，机构规格为正科级，职能由综合部代为履行。

第三章　所属二级单位

2004 年 4 月，根据股份公司统一部署，在重庆、昆明、贵阳、西安、长沙五地注册成立驻外销售部。11 月，化工与销售西南分公司决定，任命 5 个驻外销售部，临时负责人。

2005 年 7 月起，化工与销售西南分公司先后任命 5 个销售部的领导。同月，分别开展各区域化工产品的销售工作。

第一节　重庆销售部（2004. 4—2009. 6）

2004 年 4 月，化工与销售西南分公司决定，设重庆销售部，机构规格正科级，负责重庆区域各类化工产品的销售管理、市场开发、新产品推广及信息收集等工作，办公地点设在重庆市南岸区南坪浪高凯悦大厦，在册员工 3 人。

2005 年 7 月，重庆销售部正式开展业务。

2008 年 12 月，重庆销售部共有党员 3 人，党组织关系隶属于四支部。

2008 年，实行区域化销售以来，重庆销售部统销产品销量首次突破 10 万吨。

截至 2008 年 12 月，在册员工 6 人。

2004 年 11 月至 2005 年 7 月：

负 责 人　董　刚（2004. 11—2005. 7）

2005 年 7 月至 2009 年 6 月：

经　　理　董　刚（2005. 7—2009. 6）

副 经 理　袁　军（2009. 4—6）

方　跃（2009. 4—6）

第二节　昆明销售部（2004.4—2009.6）

2004年4月，化工与销售西南分公司决定，设昆明销售部，机构规格正科级，负责区域内各类化工产品的销售管理、市场开发、新产品推广及信息收集等工作，办公地点设在昆明市北京路红塔大厦，后搬迁至昆明市青年路志远大厦，在册员工3人。

2005年6月，昆明销售部有党员1人，党组织关系隶属于第三支部。

2005年7月，昆明销售部正式开展业务。

2005年，昆明销售部化工产品销量首次突破1万吨；

截至2008年12月，昆明销售部共有党员4人，党组织关系隶属于第四支部。在册员工5人。

2004年11月至2005年7月：

负 责 人　赵景洪（2004.11—2005.7）

2005年7月至2009年6月：

经　　理　武　玮（2005.7—2009.6）

副 经 理　秦文丽（女，2009.4—6）

第三节　贵阳销售部（2004.4—2009.6）

2004年4月，化工与销售西南分公司决定，设贵阳销售部，机构规格正科级，在册员工2人。负责主要负责区域内各类化工产品的销售管理、市场开发、新产品推广及信息收集等工作，办公地点设在贵阳市南明区中华南路华坤发展大厦。

2005年6月，贵阳销售部有党员1人，党组织关系隶属于第三支部。

2005年7月，贵阳销售部正式开展业务。

截至2008年12月，贵阳销售部共有党员2员，党组织关系隶属于第四支部，在册员工 4 人。

2004 年 9 月至 2005 年 7 月：

负 责 人　叶世伟（2004. 9—2005. 7）

2005 年 7 月至 2009 年 6 月：

经　　理　叶世伟（2005. 7—2009. 6）

副 经 理　刘国强（2009. 4—10）

第四节　西安销售部（2004. 4—2009. 6）

2004 年 4 月，化工与销售西南分公司决定，设西安销售部，机构规格正科级，负责区域内各类化工产品的销售管理、市场开发、新产品推广及信息收集等工作，办公地点设在陕西省西安市高新二路协同大厦，在册员工5 人。

2005 年 6 月，西安销售部有党员 1 人，党组织关系隶属于第三支部。

2005 年 7 月，西安销售部正式开展业务。

截至 2008 年 12 月，西安销售部党员 1 人，党组织关系隶属于第四支部。在册员工 7 人。

2004 年 11 月至 2005 年 7 月：

负 责 人　戴　强（2004. 11—2005. 7）

2005 年 7 月至 2009 年 6 月：

经　　理　戴　强（2005. 7—2009. 4）

副 经 理　孙　琼（女，主持工作，2009. 4—6）

第五节　长沙销售部（2004. 4—2009. 6）

2004 年 4 月，化工与销售西南分公司决定，设长沙销售部，机构规格正科级，负责区域内各类化工产品的销售管理、市场开发、新产品推广及信息收集等工作，办公地点设在长沙市芙蓉区五一路亚大时代大厦，在册员工3人。

2005年6月，长沙销售部有党员1人，党组织关系隶属于第三支部。7月，长沙销售部正式开展业务。

2006年，长沙销售部化工产品销量首次突破2万吨。

截至2008年12月，长沙销售部共有党员1人，党组织关系隶属于第四支部。在册员工6人。

2004年4月至2005年7月：

负 责 人　满万江（2004.11—2005.7）

2005年7月至2009年6月：

经　　理　满万江（2005.7—2009.6）

副 经 理　范　丁（2009.4—6）

第四章　基层党组织

2005 年 6 月，化工与销售西南分公司党委决定，成立 3 个党支部，即第一支部、第二支部和第三支部，党委委员按照所分管的部门分别编入相应支部。第一支部由综合部、财务部党员组成；第二支部由管理部、西南调运分部党员组成；第三支部由业务一部、业务二部、业务三部和各销售部的党员组成。

2008 年 12 月 23 日，化工与销售西南分公司党委决定，成立第四支部。第四支部由党组织关系原隶属于第三支部的昆明销售部、重庆销售部、长沙销售部、西安销售部和贵阳销售部的党员组成。

截至 2009 年 9 月，化工与销售西南分公司共有党员 56 人。

一、第一支部领导名录（2005. 6—2009. 9）

书　　记　陆伟文（2005. 6—2009. 9）
委　　员　任仕菊（2005. 6—2009. 9）
　　　　　赵景洪（2005. 6—2009. 9）

二、第二支部领导名录（2005. 6—2009. 9）

书　　记　杨文胜（2005. 6—2009. 9）
委　　员　薛喆磊（2005. 6—2007. 1）
　　　　　李洪波（2005. 6—2006. 7）

三、第三支部领导名录（2005. 6—2009. 9）

书　　记　李恒大（2005. 6—2009. 9）
委　　员　杜　疆（2005. 6—2009. 9）
　　　　　董彦飞（2005. 6—2009. 9）

四、第四支部领导名录（2008. 12—2009. 9）

书　　记　（空缺）

第五章　附　　录

第一节　组织机构名录及沿革图

一、2001 年 12 月化工与销售西南分公司组织机构名录

序号	单　　位	办公地点	序号	单　　位	办公地点
1	综合部	四川省成都市青羊区	3	财务部	四川省成都市青羊区
2	储运部		4	业务部	

二、2001—2008 年化工与销售西南分公司组织机构沿革图

1. 本图主要按编年记事的方式简要绘制组织机构的沿革变化，主要包括机构的成立、更名、合并、拆分、撤销、划转等事项。

2. 本图中机构沿革变化以机构名称的首字对应年份为时间节点。机构名称在一年中发生多次变革的，只显示最终名称。

3. 具体图例符号使用详见每页机构沿革图下的“图例说明”。

（一）化工与销售西南公司机关部门沿革图

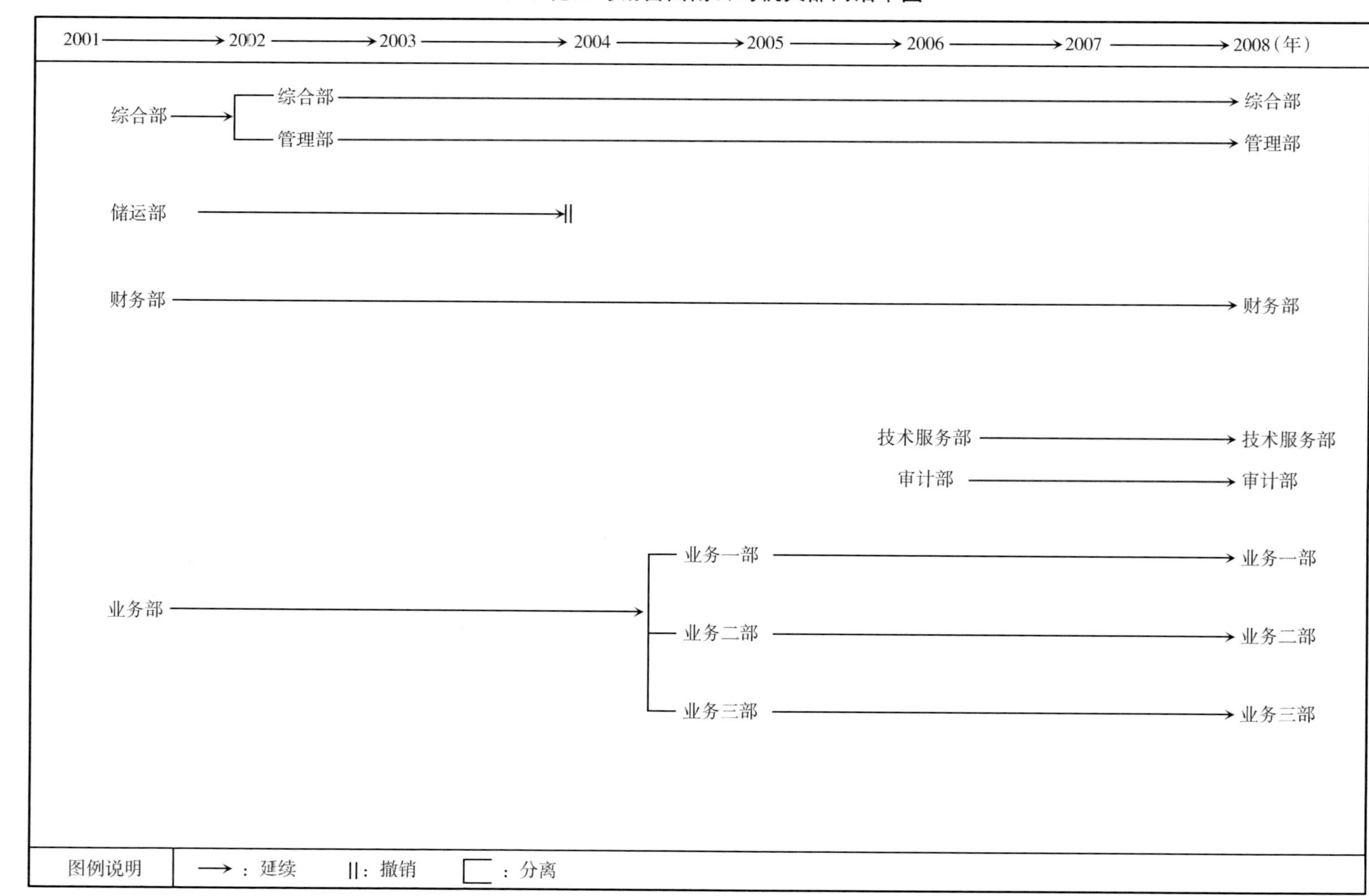

（二）化工与销售西南公司二级单位沿革图

2004 → 2005 → 2006 → 2007 → 2008 → 2009（年）

重庆销售部 → 重庆销售部

长沙销售部 → 长沙销售部

西安销售部 → 西安销售部

昆明销售部 → 昆明销售部

贵阳销售部 → 贵阳销售部

图例说明　→：延续　||：撤销

三、2008 年 12 月化工与销售西南分公司组织机构名录

序号	单　位	备　注	序号	单　位	备　注
（一）机关部门（8 个）					
1	综合部	四川省成都市青羊区	5	审计部	四川省成都市青羊区
2	管理部		6	业务一部	
3	财务部		7	业务二部	
4	技术服务部		8	业务三部	
（二）所属二级单位（5 个）					
1	重庆销售部	重庆市南岸区	4	昆明销售部	云南省昆明市五华区
2	西安销售部	陕西省西安市高新区	5	贵阳销售部	贵州省贵阳市南明区
3	长沙销售部	湖南省长沙市芙蓉区			

第二节　主要指标完成情况

项目 \ 年份	2004	2005	2006	2007	2008
一、主营业务收入					
销售收入（亿元）	23. 2	36. 9	50. 1	59. 4	62. 0
利润总额（万元）	881	2777	3170	3910	-30927
上缴税费（万元）	—	—	—	—	—
资产总额（亿元）	2. 83	3. 27	4. 94	5. 35	6. 85
二、化工产品销售量					
合成树脂（万吨）	23. 6	32. 3	39. 3	47. 8	50. 4
合成橡胶（万吨）	—	—	1. 8	2. 7	4. 1
合成纤维及原料（万吨）	2. 4	2. 6	2. 2	3. 2	3. 1
液体化工产品（万吨）	—	4. 1	3. 9	1. 5	1. 0

第三节　员工队伍结构情况

一、历年用工情况表

年　份	2004	2005	2006	2007	2008
全　员（人）	39	79	90	98	119
合同化员工（人）	29	58	67	78	91

二、历年员工年龄结构分布表

年　份	2004	2005	2006	2007	2008
30岁及以下（人）	1	3	7	13	18
31~40岁（人）	32	57	62	63	73
41~50岁（人）	6	19	21	22	28
51岁以上（人）	—	—	—	—	—

三、历年员工文化结构分布表

年　份	2004	2005	2006	2007	2008
大专及以下（人）	16	33	36	41	39
大学本科（人）	21	43	51	50	70
博士、硕士研究生（人）	2	3	3	7	10

第四节　历年党团员人数和党组织情况

项目 \ 年份	2004	2005	2006	2007	2008
党委（个）	—	—	—	—	—
党总支（个）	—	—	—	—	—
党支部（个）	—	—	3	3	3
党员（个）	14	26	35	37	51
其中：女	2	3	7	9	14
其中：少数民族	—	—	—	—	2

第五节　历史荣誉

一、国家部委、地方政府、集团公司、股份公司荣誉

（一）集体荣誉

年　份	荣誉称号	获奖单位
2005	股份公司资金集中管理工作先进集体	化工与销售西南分公司
	集团公司安全生产表扬单位	化工与销售西南分公司
2006	股份公司 2005 年度后评价工作先进单位	化工与销售西南分公司
	集团公司财务资产工作先进集体	财务部
	股份公司财务工作突出进步奖	财务部
2007	股份公司化工产品特邀诚信单位	昆明销售部
	股份公司内控工作先进集体	化工与销售西南分公司
2008	集团公司财务工作二等奖	财务部
	2007—2008 集团公司直属党委先进集体	机关第一党支部

（二）个人荣誉

年　份	荣誉称号	获奖者
2003	股份公司 2001—2002 年度化工销售系统财会先进个人	李　凡
2004	中国石油百名先进销售工作者	李恒大
2005	集团公司办公室系统先进个人	陆伟文
	股份公司资金集中管理工作先进个人	邱永君
	股份公司资金集中管理工作先进个人	黄　红
	化工与销售分公司优秀共产党员	李恒大
2006	股份公司“十一五”计划编制先进个人	杨明辉
	股份公司电子商务先进工作者	杨文胜
	财务资产工作先进工作者	张　雯
2007	股份公司“内控工作先进工作者”	任仕菊
	炼油与化工分公司优秀党员	赵景洪
	股份公司网上报销系统开发和实施先进个人	张　雯
	股份公司财务网上报销系统开发和实施先进个人	任仕菊
2008	集团公司直属机关党委先进个人	廖良成
	集团公司优秀党员	李恒大
	集团公司优秀思想政治工作者	廖良成
	股份公司会计一级集中核算先进工作者	任仕菊
	股份公司会计一级集中核算先进工作者	李　凡

二、公司级荣誉

年　份	荣誉称号	获奖者
2002	先进个人	杜　疆
2003	先进个人	杨　瑛
2004	先进集体	业务部、昆明销售部
	先进个人	王志宏、杨　瑛、张　雯、邱永君、刘显朋、杜　疆、武　玮、戴　强
2005	先进集体	业务三部、财务部、重庆销售部、内控办公室
	先进个人	任仕菊、李　凡、杨文玲、陆伟文、杨文胜、杨　瑛、熊　超、徐运涛、刘显朋、王志宏、武　玮、董　刚、吴　晶、黄　新、熊安剑
	优秀共产党员	任仕菊、廖良成、杨文胜、李红波、董彦飞、满万江、温云飞
2006	先进集体	综合部、业务一部、昆明销售部、长沙销售部
	先进个人	赵景洪、何　晨、房巨成、刘　昶、任仕菊、张　雯、王俊琪、闫春雷、杨明辉、董彦飞、温云飞、李文利、宁显辉、李青峰、满万江、叶世伟、邵清玖、苏　醒
2007	先进集体	财务部、业务二部、昆明销售部、长沙销售部
	先进个人	何　晨、廖良成、熊　超、王文怡、李　凡、邱永君、曹全武、徐运涛、孙　琼、刘显朋、丛　刚、姜卫华、王新选、崔海翔、叶世伟、满万江、莫新兰
2008	先进集体	财务部、业务三部、重庆销售部、西安销售部
	先进个人	洪　丹、侯春丽、何家林、熊　超、张建新、程　蓉、任仕菊、边艳玉、韩　啸、温云飞、毕卫刚、王树伟、李恒大、孙玉梅、董　刚、宁显辉、谢丽萍、戴　强、程　茹
	先进党支部	第一党支部
	优秀共产党员	蒋浩波、任仕菊、龚德词、赵　霞、董彦飞、杜　疆、武　玮

第二编

西南化工销售分公司

（2008. 12—2013. 12）

第一章　领导机构

2008 年 12 月 5 日，股份公司决定，化工与销售西南分公司更名为西南化工销售分公司，机构规格调整为副局级，行政上由股份公司直接管理，业务上归口炼油与化工分公司管理。2008 年 12 月至 2009 年 4 月过渡期间，仍由原化工与销售西南分公司领导班子履行相应的管理职责。

2009 年 4 月，集团公司、股份公司决定，调整西南化工销售分公司领导班子，杨继胜任总经理、党委副书记，马生荣任党委书记、纪委书记、工会主席、副总经理，刘丽华任副总经理兼总会计师、党委委员，马健任副总经理、党委委员，王建立任副总经理兼安全总监、党委委员。蒋浩波继续担任总经理助理。5 月，王建立调出公司。8 月，西南化工销售分公司党政联席会明确公司领导班子成员分工，杨继胜主持公司行政全面工作，分管总经理办公室、人事处和审计监察处；马生荣主持公司党委、纪委、工会全面工作，分管党委办公室、党委组织部、党群工作处和纪委办公室；刘丽华负责财务管理、价格管理和市场信息工作，分管财务处市场信息与价格处，暂时代管规划计划处和企管法规处。马健负责公司销售业务、市场开拓和技术服务工作，分管业务一处、业务二处、业务三处、业务四处和技术服务处，暂时代管仓储运输处。9 月，股份公司决定，副总经理马健兼任西南化工销售分公司安全总监。11 月，西南化工销售分公司工会改选，蒋浩波当选西南化工销售分公司工会副主席。

2010 年 2 月，股份公司批复，同意蒋浩波任西南化工销售分公司总经理助理。10 月，股份公司批复，同意任仕菊任西南化工销售分公司总经理助理，马晓玲（女）任西南化工销售分公司安全副总监。11 月，西南化工销售分公司党政联席会对公司领导班子成员分工进行调整，刘丽华负责公司财务以及价格信息工作，分管财务处、市场信息与价格处；马健负责公司销售以及技术服务工作，分管技术服务处、业务一处、业务二处、业务三处和业务四处；蒋浩波分管仓储运输处和规划计划处工作，协助马健做好销售工作；任仕菊分管总经理（党委）办公室工作，协助刘丽华做好财务工作；马晓玲协助马健做好安全工作。

2011 年 7 月，股份公司决定，蒋浩波任西南化工销售分公司副总经理、党委委员。

2012 年 6 月，股份公司批复，同意马晓玲任西南化工销售分公司总经理助理。7 月，西南化工销售分公司决定，马晓玲任西南化工销售分公司总经理助理，免去其西南化工销售分公司安全副总监职务。

2013 年 2 月，西南化工销售分公司工会改选，廖良成当选工会副主席。7 月，西南化工销售分公司对领导班子副职分工进行调整，马健负责公司计划、仓储和安全管理工作，分管仓储运输处和规划计划处工作；蒋浩波负责公司销售以及技术服务工作，分管技术服务处、业务一处、业务二处、业务三处和业务四处。11 月，集团公司决定，陈长青任西南化工销售分公司党委书记，免去马生荣西南化工销售分公司党委书记职务，另有任用；同月，股份公司决定，陈长青任西南化工销售分公司党委委员、纪委书记、工会主席、副总经理，免去马生荣西南化工销售分公司党委委员、纪委书记、工会主席、副总经理职务。

一、西南化工销售分公司领导名录（2009. 4—2013. 12）

总 经 理　杨继胜（2009. 4—2013. 12）

副总经理　马生荣（2009. 4—2013. 11）

陈长青（2013. 11—12）

刘丽华（2009. 4—2013. 12）

马　健（2009. 4—2013. 12）

王建立（2009. 4—5）

蒋浩波（2011. 7—2013. 12）

总会计师　刘丽华（2009. 4—2013. 12）

安全总监　王建立（兼任，2009. 4—5）

马　健（兼任，2009. 9—2013. 12）

二、中共西南化工销售分公司委员会领导名录（2009. 4—2013. 12）

书　　记　马生荣（2009. 4—2013. 11）

陈长青（2013. 11—12）

副 书 记　杨继胜（2009. 4—2013. 12）

委　　员　马生荣（2009.4—2013.11）
　　　　　杨继胜（2009.4—2013.12）
　　　　　刘丽华（2009.4—2013.12）
　　　　　马　健（2009.4—2013.12）
　　　　　王建立（2009.4—5）
　　　　　蒋浩波（2011.7—2013.12）
　　　　　陈长青（2013.11—12）

三、中共西南化工销售分公司纪律检查委员会领导名录（2009.4—2013.12）

书　　记　马生荣（2009.4—2013.11）
　　　　　陈长青（2013.11—12）
委　　员　马生荣（2009.4—2013.11）
　　　　　蒋浩波（2010.3—2013.12）
　　　　　邱永君（机关处室干部，2010.3—2013.12）
　　　　　陈效军（机关处室干部，2010.3—2013.12）
　　　　　陆伟文（机关处室干部，2010.3—2013.12）
　　　　　马晓玲（机关处室干部，2010.3—2013.12）
　　　　　任仕菊（机关处室干部，2010.3—2013.12）
　　　　　陈长青（2013.11—12）

四、西南化工销售分公司工会（2009.4—2013.12）

主　　席　马生荣（2009.4—2013.11）
　　　　　陈长青（2013.11—12）
副 主 席　蒋浩波（2009.11—2013.2）
　　　　　廖良成（机关处室干部，2013.2—12）

五、西南化工销售分公司助理、安全副总监名录（2009.12—2013.12）

总经理助理　蒋浩波（2009.4—2011.7）
　　　　　任仕菊（2010.10—2013.12）
　　　　　马晓玲（2012.6—2013.12）
安全副总监　马晓玲（2010.10—2012.6）

第二章　机关部门

2009 年 6 月，股份公司批复，西南化工销售分公司设 8 个职能处室：总经理办公室（党委办公室）、计划调运处、人事处（党委组织部）、财务处、党群工作处（企业文化处）、企管法规处（质量安全环保处）、审计监察处（纪委办公室）、市场信息与价格处。6 个业务处室：仓储配送处、业务一处、业务二处、业务三处、业务四处、技术服务处。职能处室负责公司党务、行政、工会等工作。业务处室负责所有统销产品在区域内的销售业务、仓储运输、市场开发、技术服务和销售管理工作。

2012 年 3 月，股份公司批复，西南化工销售分公司机关增设业务五处，负责液体化工产品销售工作。

截至 2013 年 12 月，西南化工销售分公司机关设 8 个职能处室：总经理办公室（党委办公室）、计划调运处、人事处（党委组织部）、财务处、党群工作处（企业文化处）、企管法规处（质量安全环保处）、审计监察处（纪委办公室）、市场信息与价格处。7 个业务处室：仓储配送处、业务一处、业务二处、业务三处、业务四处、业务五处、技术服务处等。

第一节　总经理办公室（党委办公室）（2009. 6—2013. 12）

2009 年 6 月，西南化工销售分公司机关设总经理办公室（党委办公室），机构规格副处级，在册员工 8 人。负责公司党委、行政日常事务、接待服务和对外联络、外事管理、综合治理、信访、维稳、印信、档案、保密、后勤管理等工作。

2012 年 9 月，共有党员 10 人，党组织关系隶属于机关一支部。

截至 2013 年 12 月，在册员工 12 人。

2009 年 7 月至 10 月：

负 责 人　陈效军（2009. 7—10）

2009 年 10 月至 2013 年 12 月：

主　　任　陈效军（2009. 10—2013. 12）

副 主 任　赵景洪（2009. 10—2013. 12）

　　　　　　第海涛（回族，2010. 1—2013. 12）

第二节　规划计划处（2009. 6—2013. 12）

2009 年 6 月，西南化工销售分公司机关设规划计划处，机构规格副处级，在册员工 5 人。负责公司发展规划、投资计划、工程项目、产品购销计划、客户管理、销售结算、综合统计分析等方面的管理工作。

2009 年 9 月，共有党员 3 人，党组织关系隶属于机关二支部。2012 年 9 月，共有党员 4 人，党组织关系隶属于机关五支部。

截至 2013 年 12 月，在册员工 9 人。

2009 年 7 月至 10 月：

负 责 人　杨　瑛（2009. 7—10）

2009 年 10 月至 2013 年 12 月：

处　　长　杨　瑛（2012. 8—2013. 12）

副 处 长　杨　瑛（主持工作，2009. 10—2012. 8）

　　　　　　董彦飞（2012. 8—2013. 12）

第三节　人事处（党委组织部）（2009. 6—2013. 12）

2009 年 6 月，西南化工销售分公司机关设人事处（党委组织部），机构规格副处级，在册员工 4 人。负责公司干部管理、劳动组织、人才队伍建设、员工教育培训、党组织建设、薪酬保险、业绩考核、人事档案管理等工作。

2009 年 9 月，共有党员 3 人，党组织关系隶属于机关一支部。

2012 年 9 月，共有党员 6 人，党组织关系隶属于机关三支部。

截至 2013 年 12 月，在册员工 6 人。

2009 年 7 月至 10 月：

负　　责　　人　陆伟文（2009. 7—10）

2009 年 10 月至 2013 年 12 月：

处　长（部　长）　陆伟文（2009. 10—2013. 12）

副处长（副部长）　脱继庆（2012. 8—2013. 12）

第四节　财务处（2009. 6—2013. 12）

2009 年 6 月，西南化工销售分公司机关设财务处，机构规格副处级，在册员工 13 人。负责公司的资金管理、预算管理、资产管理、税收管理、会计核算、会计报告、公司经营预测分析预警、价格监督等工作。

2009 年 9 月，共有党员 3 人，党组织关系隶属于机关三支部。

2010 年 10 月，任仕菊任西南化工销售分公司总经理助理兼财务处处长。

2012 年 9 月，共有党员 8 人，党组织关系隶属于机关四支部。

截至 2013 年 12 月，在册员工 17 人。

2009 年 7 月至 10 月：

负　　责　　人　任仕菊（2009. 7—10）

2009 年 10 月至 2013 年 12 月：

处　　　　　长　任仕菊（2009. 10—2010. 10；兼任，2010. 10—2013. 12）

副　　处　　长　李　凡（2009. 10—2013. 12）

张　雯（女，2009. 10—2013. 12）

第五节　党群工作处（企业文化处）
（2009.6—2013.12）

2009年6月，西南化工销售分公司机关设党群工作处（企业文化处），机构规格副处级，在册员工2人。负责公司党建、宣传和思想政治工作、网络舆情监控和媒体沟通、企业文化建设工作，协调、组织公司工会、青年和共青团工作。7月，西南化工销售分公司总经理助理蒋浩波兼任党群工作处（企业文化处）负责人。

2009年9月，共有党员2人，党组织关系隶属于机关一支部。2012年9月，共有党员3人，党组织关系隶属于机关二支部。

截至2013年12月，在册员工4人。

2009年7月至10月：

负 责 人　蒋浩波（兼任，2009.7—10）

2009年10月至2013年12月：

处　　长　蒋浩波（兼任，2009.10—2011.5）
　　　　　　廖良成（2012.8—2013.12）

副 处 长　廖良成（2010.1—2011.5；主持工作，2011.5—2012.8）

第六节　企管法规处（质量安全环保处）
（2009.6—2013.12）

2009年6月，西南化工销售分公司机关设企管法规处（质量安全环保处），机构规格副处级，在册员工7人。负责组织公司企业管理与发展战略政策研究，协调解决公司企业管理方面的问题；负责公司关键业绩指标管理和考核；负责组织公司的企业规范化、内部控制、法律事务、标准化管理工作；负责公司质量、安全、环保管理及Q/HSE体系建设工作；负责牵头组织分公司综合管理工作。

2009 年 9 月，共有党员 3 人，党组织关系隶属于机关六支部。

2010 年 10 月，马晓玲任西南化工销售分公司安全副总监兼企管法规处（质量安全环保处）处长。

2012 年 6 月，马晓玲任西南化工销售分公司总经理助理兼企管法规处（质量安全环保处）处长。

2012 年 9 月，共有党员 7 人，党组织关系隶属于机关六支部。

截至 2013 年 12 月，在册员工 9 人。

2009 年 7 月至 10 月：

负　责　人　马晓玲（2009. 7—10）

2009 年 10 月至 2013 年 12 月：

处　　　长　马晓玲（2009. 10—2010. 10；兼任，2010. 10—2013. 12）

副　处　长　温云飞（2010. 11—2013. 12）

王玉霞（女，2011. 12—2013. 12）

方　跃（2012. 4—2013. 12）

第七节　审计监察处（纪委办公室）（2009. 6—2013. 12）

2009 年 6 月，西南化工销售分公司机关设审计监察处（纪委办公室），机构规格副处级，在册员工 2 人。协助公司党（纪）委开展党内纪律检查、监督、廉政建设、惩治和预防腐败体系建设工作，受理信访举报，对违纪行为进行查处等工作，负责公司的内部审计、效能监察等工作。

2009 年 9 月，共有党员 2 人，党组织关系隶属于机关一支部。2012 年 9 月，共有党员 3 人，党组织关系隶属于机关二支部。

截至 2013 年 12 月，在册员工 3 人。

2009 年 7 月至 10 月：

负　责　人　邱永君（2009. 7—10）

2009 年 10 月至 2013 年 12 月：

处　长（主　任） 邱永君（2012. 2—2013. 12）

副处长（副主任） 邱永君（主持工作，2009. 10—2012. 2）

李雪源（2012. 8—2013. 12）

第八节　市场信息与价格处（2009. 6—2013. 12）

2009 年 6 月，西南化工销售分公司机关设市场信息与价格处，机构规格副处级，在册员工 5 人。负责公司价格体系的建立和运行管理，负责市场信息收集、整理以及分析预测，负责公司信息化建设和信息系统的运行和维护工作。

2009 年 9 月，共有党员 4 人，党组织关系隶属于机关三支部。2012 年 9 月，共有党员 4 人，党组织关系隶属于机关五支部。

截至 2013 年 12 月，在册员工 7 人。

2009 年 7 月至 10 月：

负　　责　　人 杨文胜（2009. 7—10）

2009 年 10 月至 2013 年 12 月：

处　　　　　长 杨文胜（2010. 1—2013. 12）

副　　处　　长 杨文胜（主持工作，2009. 10—2010. 1）

王树伟（2010. 11—2013. 12）

第九节　仓储运输处（2009. 6—2013. 12）

2009 年 6 月，西南化工销售分公司机关设仓储运输处，机构规格副处级，在册员工 10 人。负责公司产品仓储管理和配送管理，指导分公司仓储管理和配送工作；负责编制产品调运计划，并监督计划执行情况。

2009 年 9 月，共有党员 8 人，党组织关系隶属于机关二支部。

2012年2月，新增四川石化产品调运管理和自备车管理职能。

2012年9月，共有党员10人，党组织关系隶属于机关八支部。

截至2013年12月，在册员工14人。

2009年7月至10月：

负 责 人　高小盾（2009.7—10）

2009年10月至2013年12月：

处　　长　高小盾（2009.10—2013.7）

薛喆磊（2013.8—12）

副 处 长　王亚非（2009.10—2013.12）

丛　刚（2010.12—2013.12）

薛喆磊（副处级，2012.5—8）

第十节　技术服务处（2009.6—2013.12）

2009年6月，西南化工销售分公司业务处室设技术服务处，机构规格副处级，在册员工4人。负责编制公司技术服务发展规划，完善公司技术服务体系；负责公司技术服务、新产品开发、技术交流工作。

2009年9月，共有党员3人，党组织关系隶属于机关四支部。2012年9月，共有党员3人，党组织关系隶属于机关七支部。

截至2013年12月，在册员工7人。

2009年7月至10月：

负 责 人　王俊琪（2009.7—10）

2009年10月至2013年12月：

处　　长　王俊琪（2009.10—2013.12）

副 处 长　姜卫华（2009.10—2012.9）

李恒大（2013.7—12）

第十一节　业务一处（2009.6—2013.12）

2009年6月，西南化工销售分公司业务处室设业务一处，机构规格副处级，在册员工5人。负责分管线型低密度、低密度聚乙烯产品的计划配置、流向下达、营销策略制定和在四川区域的销售等营销管理工作；负责市场及新产品的开发与管理，以及对分公司相关业务的管理、监督、考核及服务工作；负责监督重点产品运输计划执行情况，配合做好价格和客户管理工作。

2009年9月，共有党员2人，党组织关系隶属于机关四支部。

2012年8月，西南化工销售分公司决定，将线型低密度、低密度聚乙烯产品在四川区域的销售职能划转至四川分公司。

2012年9月，共有党员3人，党组织关系隶属于机关七支部。

截至2013年12月，在册员工4人。

2009年7月至10月：

负 责 人　杜　疆（2009.7—10）

2009年10月至2013年12月：

处　　长　杜　疆（2009.10—2012.8）

副 处 长　孙　琼（2010.1—2012.8；主持工作，2012.8—2013.12）

武　玮（2013.7—12）

第十二节　业务二处（2009.6—2013.12）

2009年6月，西南化工销售分公司业务处室设业务二处，机构规格副处级，在册员工4人。负责分管聚丙烯产品的计划配置、流向下达、营销策略制定和在四川区域的销售等营销管理工作；负责市场及新产品的开发与管理，以及对分公司相关业务的管理、监督、考核及服务工作；负责监督重点产品运输计划执行情况，配合做好价格和客户管理工作。

2009 年 9 月，共有党员 4 人，党组织关系隶属于机关四支部。

2012 年 8 月，西南化工销售分公司决定，聚丙烯产品在四川区域的销售职能划转至四川分公司。

2012 年 9 月，共有党员 2 人，党组织关系隶属于机关七支部。

截至 2013 年 12 月，在册员工 4 人。

2009 年 7 月至 10 月：

负 责 人　杨明辉（2009. 7—10）

2009 年 10 月至 2013 年 12 月：

处　　长　杨明辉（2009. 10—2013. 7）

杜　疆（2013. 7—12）

副 处 长　刘显朋（2009. 10—2013. 7）

第十三节　业务三处（2009. 6—2013. 12）

2009 年 6 月，西南化工销售分公司业务处室设业务三处，机构规格副处级，在册员工 5 人。负责分管合成橡胶、工程塑料、合成纤维、高密度聚乙烯等产品的计划配置、流向下达、营销策略制定和在四川区域的销售等营销管理工作；负责市场及新产品的开发与管理，以及对分公司相关业务的管理、监督、考核及服务工作；负责监督重点产品运输计划执行情况，配合做好价格和客户管理工作。

2009 年 9 月，共有党员 1 人，党组织关系隶属于机关四支部。

2010 年 9 月，高密度聚乙烯产品的计划配置、流向下达、营销策略制定和在四川区域销售等营销管理职能划转至业务四处。

2012 年 8 月，西南化工销售分公司决定，合成橡胶、工程塑料、合成纤维在四川区域的销售职能划转四川分公司。

2012 年 9 月，共有党员 4 人，党组织关系隶属于机关七支部。

截至 2013 年 12 月，在册员工 4 人。

2009 年 7 月至 10 月：

负 责 人　李恒大（2009. 7—10）

2009 年 10 月至 2013 年 12 月：

处　　长　李恒大（2009. 10—2013. 7）

刘国强（2013. 7—12）

副 处 长　武　玮（2012. 8—2013. 7）

第十四节　业务四处（2010. 9—2013. 12）

2010 年 9 月，西南化工销售分公司业务处室设业务四处，机构规格副处级，在册员工 4 人。负责分管高密度聚乙烯产品的计划配置、流向下达、营销策略制定和在四川区域的销售等营销管理工作；负责市场及新产品的开发与管理，以及对分公司相关业务的管理、监督、考核及服务工作；负责监督重点产品运输计划执行情况，配合做好价格和客户管理工作；负责扩销业务。

2010 年 9 月，共有党员 1 人，党组织关系隶属于机关四支部。

2012 年 8 月，西南化工销售分公司决定，高密度聚乙烯产品在四川区域的销售职能划转至四川分公司。

2012 年 9 月，共有党员 4 人，党组织关系隶属于机关七支部。

2013 年 1 月，新增四川石化液体化工产品销售的前期筹备工作职能。

截至 2013 年 12 月，在册员工 6 人。

处　　长　李　奕（女，2011. 5—2013. 12）

副 处 长　李　奕（主持工作，2010. 6—2011. 5）

满万江（2012. 8—2013. 12）

第三章　所属二级单位

2009年6月，股份公司批复，西南化工销售分公司设成都、重庆、长沙、西安、昆明、贵阳等6个销售分公司，其中成都销售分公司、重庆销售分公司机构规格为副处级。9月，股份公司批复，将6个销售分公司分别更名为四川分公司、重庆分公司、湖南分公司、陕西分公司、云南分公司、贵州分公司。其中四川分公司、重庆分公司机构规格为副处级，其余分公司按科级单位管理。

2012年2月，炼油与化工分公司决定，将四川石化投产后化工产品销售和运输统一由西南化工销售分公司管理，同时将原西北化工销售公司在成都负责四川石化公司产品运输准备工作和协调的业务划转至西南化工销售分公司。3月，股份公司批复，设彭州调运分公司，机构规格副处级。8月，西南化工销售分公司决定，成立彭州调运分公司，负责四川石化公司化工产品调运管理和调运业务。

2013年1月，股份公司批复，同意云南分公司、陕西分公司机构规格调整为副处级。

截至2013年12月，西南化工销售分公司设7个二级单位：四川分公司、重庆分公司、湖南分公司、陕西分公司、云南分公司、贵州分公司和彭州调运分公司。负责统销产品在区域内的管理、销售、仓储和物流运输工作。

第一节　四川分公司（2009.6—2013.12）

2009年6月，股份公司批复，西南化工销售分公司设成都销售分公司，机构规格副处级。9月，股份公司批复，同意将成都销售分公司更名为四川分公司，但四川分公司的工作暂由公司机关业务处室分担，直至2012年8月。

2012年8月，为全面实施公司“区域化管理，区域化销售”的营销战略，西南化工销售分公司决定，将原4个业务处室在四川区域的销售职能整合，组建四川分公司，机构规格副处级。

2012年9月，共有党员6人，隶属于四川分公司党支部。

2012年9月至12月，四川分公司试运行期间销售12.11万吨，月均销售3.03万吨，同期增量1.24万吨，增幅11.4%。

2013年1月，四川分公司正式运行，办公地点设在成都市金牛区黑格中心5号楼4楼。负责四川区域化工产品的营销工作，租赁2个中心库、3个二级库。

2013年3月，线性产品首次突破万吨大关，聚丙烯单品种月销量持续保持万吨以上规模。

2013年，正式投用自贡二级库。全年销量32.53万吨，占西南化工销售分公司总销量的32.6%。

截至2013年12月，在册员工14人。

经　　理　杨明辉（2012.8—2013.12）

副 经 理　姜卫华（2012.9—2013.12）

第二节　重庆分公司（2009.6—2013.12）

2009年6月，西南化工销售分公司设重庆销售分公司，机构规格副处级。在册员工6人。9月，更名为重庆分公司，办公地点设在重庆市九龙坡区石桥铺火炬大厦1号楼10层。负责重庆区域化工产品的营销工作，租赁2个中心库、2个二级库。

2009年7月，涪陵库正式投入使用，成为西南公司第一个二级库。

2009年9月，共有党员5人，党组织关系隶属于重庆分公司党支部。

2010年，重庆分公司统销产品销量突破15万吨。

2012年6月，西南化工销售分公司石化固体产品（非危化品）仓储物流中心项目入驻重庆西部现代物流园签约仪式在重庆市区沙坪坝区政府办公楼如期举行。

2012年12月，重庆仓储物流中心项目举行奠基仪式。

2012 年，重庆分公司统销产品销量突破 18 万吨。

截至 2013 年 12 月，在册员工 21 人。

2009 年 7 月至 10 月：

负 责 人　袁　军（2009. 7—10）

2009 年 10 月至 2013 年 12 月：

经　　理　袁　军（2009. 10—2011. 9；副处级，2011. 9—2013. 12）

副 经 理　董　刚（2009. 7—2013. 10）

方　跃（2009. 7—2012. 4）

王志宏（2013. 2—12）

李青峰（2013. 2—12）

第三节　湖南分公司（2009. 6—2013. 12）

2009 年 6 月，西南化工销售分公司设湖南销售分公司，机构规格正科级。在册员工 6 人。9 月，更名为湖南分公司，办公地点长沙市芙蓉中路新时代广场北栋 2302 室。负责湖南区域化工产品的营销工作，租赁 1 个中心库、3 个二级库。

2009 年 9 月，怀化多元库正式投入使用，成为湖南分公司第一个二级库。

2010 年 7 月，共有党员 3 人，党组织关系隶属于湖南分公司党支部。

2011 年，湖南分公司化工产品总销量（含扩销）突破 10 万吨。

2013 年 5 月，湖南分公司开展“企业是我家”实践教育活动，并在全公司范围内推广，该项活动受到公司表彰，并获得最佳提议奖。

截至 2013 年 12 月，在册员工 18 人。

2009 年 7 月至 10 月：

负 责 人　范　丁（2009. 7—10）

2009 年 10 月至 2013 年 12 月：

经　　理　范　丁（2009. 10—2013. 3；副处级，2013. 3—12）

副 经 理　满万江（2009. 12—2012. 8）
徐运涛（2012. 8—2013. 12）
宋玉芝（女，2013. 2—12）

第四节　陕西分公司（2009. 6—2013. 12）

2009 年 6 月，西南化工销售分公司设陕西销售分公司，机构规格正科级。在册员工 6 人。9 月，更名为陕西分公司。办公地点西安市高新二路 12 号协同大厦 4 楼 C 座。负责陕西区域化工产品的营销工作，租赁 3 个中心库、1 个二级库。

2010 年，统销产品销量首次突破 10 万吨。

2011 年，统销产品销量突破 14 万吨。同年，与中国石油宝鸡钢管厂达成产销联运战略合作协议。

2012 年 2 月，共有党员 3 人，党组织关系隶属于陕西分公司党支部。

2012 年，统销产品销量突破 16 万吨。

2013 年 1 月，股份公司批复，陕西分公司机构规格调整为副处级。

截至 2013 年 12 月，在册人员 19 人。

2009 年 7 月至 10 月：
负 责 人　戴　强（2009. 7—10）

2009 年 10 月至 2013 年 12 月：
经　　理　郭　锋（2011. 12—2013. 1）
副 经 理　孙　琼（主持工作，2009. 10—2010. 1）
丛　刚（2009. 10—2010. 12）
郭　锋（2010. 11—12；主持工作，2010. 12—2013. 12）
王　兴（2010. 12—2013. 11）
黄　红（女，2010. 12—2013. 12）
董　刚（2013. 11—12）

第五节　云南分公司（2009. 6—2013. 12）

2009 年 6 月，西南化工销售分公司设云南销售分公司，机构规格正科级。在册员工 5 人。9 月，更名为云南分公司。办公地点昆明市青年路 389 号志远大厦 20 楼 A 座。负责云南区域化工产品的营销工作，租赁 1 个中心库、1 个二级库、1 个备用库。

2009 年 9 月，共有党员 6 人，党组织关系隶属于云南分公司党支部。

2011 年，化工产品总销量（含扩销）突破 10 万吨，达到 11.4 万吨。

2013 年 1 月，股份公司批复，云南分公司机构规格调整为副处级。

截至 2013 年 12 月，在册人员 20 人。

2009 年 7 月至 10 月：

负 责 人　武　玮（2009. 7—10）

2009 年 10 月至 2013 年 12 月：

经　　理　武　玮（2009. 10—2012. 8）

杜　疆（副处级，2012. 8—2013. 7）

副 经 理　秦文丽（2009. 12—2013. 7；主持工作，2013. 7—12）

李文利（2013. 2—12）

王　兴（2013. 11—12）

第六节　贵州分公司（2009. 6—2013. 12）

2009 年 6 月，西南化工销售分公司设贵州销售分公司，机构规格正科级。在册员工 6 人。9 月，更名为贵州分公司，办公地点贵阳市南明区中华南路华坤发展大厦 18 楼 B、C 座。负责贵州区域化工产品的营销工作，设租赁 2 个中心库、1 个二级库。

2009 年 9 月，共有党员 3 人，隶属于贵州分公司党支部。

2011 全至 2012 年，化工产品总销量（含扩销）连续两年突破 10 万吨。

2013 年，开展精细化管理取得较好成果，并在公司推广。

截至 2013 年 12 月，在册人员 17 人。

2009 年 7 月至 2009 年 10 月：

负 责 人　刘国强（2009. 7—10）

2009 年 10 月至 2013 年 12 月：

经　　理　刘国强（2009. 10—2013. 3；副处级，2013. 3—7）

副 经 理　卢万宁（2009. 10—2013. 12）

王志宏（2012. 8—2013. 2）

吴　晶（女，2013. 2—12）

刘显朋（正科级，主持工作，2013. 8—12）

第七节　彭州调运分公司（2012. 8—2013. 12）

2012 年 8 月，西南化工销售分公司成立彭州调运分公司，机构规格副处级，办公地点设在成都市金牛区金科南路黑格中心。在册员工 5 人。

2012 年 9 月，共有党员 3 人，党组织关系隶属于贵州分公司党支部。

2013 年 10 月，彭州调运分公司搬迁至四川省彭州市牡丹西部南段 45 号置信逸都中心写字楼 9 楼。负责四川石化化工产品的调运业务。

截至 2013 年 12 月，在册员工 25 人。

经　　理　薛喆磊（2012. 8—2013. 7）

高小盾（2013. 7—12）

副 经 理　第海涛（2012. 8—2013. 12）

张建新（2012. 9—2013. 12）

第四章　党工团组织

2009 年 4 月，西南化工销售分公司党委决定，成立机关总支部委员会。同月，西南化工销售分公司工会委员会改选，产生新一届委员会。

9 月，西南化工销售分公司党委决定，调整完善基层党组织机构，撤销第一支部、第二支部、第三支部、第四支部，成立西南化工销售分公司机关总支部委员会，同时成立重庆支部、昆明支部（2010 年 7 月更名为云南支部）和贵阳支部（2010 年 7 月更名为贵州支部）。同月，西南化工销售公司工会委员会决定，成立机关第一分会、机关第二分会、成都分会、昆明分会、长沙分会、西安分会、贵阳分会和重庆分会。10 月，成立共青团西南化工销售分公司委员会。

2010 年 7 月，西南化工销售分公司党委决定，成立湖南支部。

2012 年 2 月，西南化工销售分公司党委决定，成立陕西支部。8 月，选举产生第一届团委委员。9 月，西南化工销售分公司党委决定，调整基层党组织机构，撤销直属机关党总支，成立西南化工销售分公司直属机关党委，下设 8 个机关支部，同时成立四川支部和彭州支部。10 月，西南化工销售分公司完成各基层党支部换届选举工作，基层党支部由上届 9 个调整为 15 个，选举产生新一届支部委员 39 人。

2013 年 2 月，西南化工销售分公司工会委员会换届选举，并对公司基层工会组织进行调整，撤销原各分公司工会分会，分别成立重庆分公司工会委员会、云南分公司工会委员会、湖南分公司工会委员会、陕西分公司工会委员会和贵州分公司工会委员会。撤销原机关一分会和机关二分会，分别成立机关 5 个基层工会委员会。

第一节　党组织（2009. 4—2013. 12）

2009 年 4 月，西南化工销售分公司党委决定，成立机关总支部委员会，下设4个机关支部。9月，西南化工销售分公司党委决定，调整完善基层党组织机构，撤销第一支部、第二支部、第三支部、第四支部，成立西南化工销售分公司机关总支部委员会，下设4个机关支部，同时成立重庆支部、昆明支部（2010年7月更名为云南支部）和贵阳支部（2010年7月更名为贵州支部）。其中，机关一支部由总经理（党委办公室）办公室、人事处（党委组织部）、审计监察处（纪委办公室）、党群工作处（企业文化处）的党员组成；机关二支部由规划计划处、仓储运输处的党员组成；机关三支部由财务处、企管法规处、市场信息与价格处的党员组成；机关四支部由业务一处、业务二处、业务三处、业务四处和技术服务处的党员组成。

2010年7月，西南化工销售分公司党委决定，成立湖南支部。

2012年2月，西南化工销售分公司决定，成立陕西支部。9月，西南化工销售分公司党委决定，调整基层党组织机构，撤销直属机关党总支，成立西南化工销售分公司直属机关党委，下设8个机关支部，同时成立四川支部和彭州支部。10月，西南化工销售分公司完成各基层党支部换届选举工作，基层党支部由上届9个调整为15个，选举产生新一届支部委员39人。其中机关一支部由总经理（党委）办公室所属党员组成；机关二支部由党群工作处（企业文化处）和审计监察处（纪委办公室）的党员组成；机关三支部由人事处（党委组织部）的党员组成；机关四支部由财务处的党员组成；机关五支部由规划计划处、市场信息与价格处的党员组成；机关六支部由企管法规处（质量安全环保处）的党员组成；机关七支部由业务一处、业务二处、业务三处、业务四处和技术服务处的党员组成；机关八支部由仓储运输处的党员组成。

截至2013年12月，西南化工销售分公司党委下设直属机关党委1个、党支部15个，党员人数149人。

一、机关党总支领导名录（2009.4—2012.9）

书　　记　蒋浩波（2009.4—2012.9）

委　　员　陆伟文（2009.4—2012.9）

马晓玲（2009.4—2012.9）

邱永君（2009.4—2012.9）

廖良成（2009.4—2012.9）

二、直属机关党委领导名录（2012.10—2013.12）

书　　记　廖良成（2012.10—2013.12）
委　　员　任仕菊（2012.10—2013.12）
　　　　　马晓玲（2012.10—2013.12）
　　　　　陆伟文（2012.10—2013.12）
　　　　　陈效军（2012.10—2013.12）

三、机关党组织（2009.9—2013.12）

（一）机关一支部领导名录（2009.9—2013.12）

2009年9月至2012年9月：

书　　记　陈效军（2009.9—2012.9）
委　　员　赵景洪（2009.9—2012.9）
　　　　　王　奇（2009.9—2012.9）

2012年10月至2013年12月：

书　　记　陈效军（2012.10—2013.12）
委　　员　刘圣江（2012.10—2013.12）
　　　　　高可成（2012.10—2013.12）

（二）机关二支部领导名录（2009.9—2013.12）

2009年9月至2012年9月：

书　　记　高小盾（2009.9—2012.9）
委　　员　龚德词（女，2009.9—2012.9）
　　　　　颜　君（女，2009.9—2012.9）

2012年10月至2013年12月：

书　　记　邱永君（2012.10—2013.12）
委　　员　董　辉（女，2012.10—2013.12）
　　　　　弓雨熙（女，2012.10—2013.12）

（三）机关三支部领导名录（2009.9—2013.12）

2009年9月至2012年9月：

书　　记　任仕菊（2009.9—2012.9）

委　　员　温云飞（2009. 9—2012. 9）
　　　　　宋小默（2009. 9—2012. 9）

2012 年 10 月至 2013 年 12 月：

书　　记　陆伟文（2012. 10—2013. 12）
委　　员　脱继庆（2012. 10—2013. 12）
　　　　　朱新华（2012. 10—2013. 12）

（四）机关四支部领导名录（2009. 9—2013. 12）

2009 年 2 月至 2012 年 9 月：

书　　记　李恒大（2009. 9—2012. 9）
委　　员　杨明辉（2009. 9—2012. 9）
　　　　　杜　疆（2009. 9—2012. 9）

2012 年 10 月至 2013 年 12 月：

书　　记　任仕菊（2012. 10—2013. 12）
委　　员　陈　兵（2012. 10—2013. 12）
　　　　　程　茹（女，2012. 10—2013. 12）

（五）机关五支部领导名录（2012. 10—2013. 12）

书　　记　杨文胜（2012. 10—2013. 12）
委　　员　董彦飞（2012. 10—2013. 12）
　　　　　陈　旭（2012. 10—2013. 12）

（六）机关六支部领导名录（2012. 10—2013. 12）

书　　记　马晓玲（2012. 10—2013. 12）
委　　员　温云飞（2012. 10—2013. 12）
　　　　　曹耀武（2012. 10—2013. 12）

（七）机关七支部领导名录（2012. 10—2013. 12）

书　　记　李恒大（2012. 10—2013. 12）
委　　员　李　奕（2012. 10—2013. 12）
　　　　　满万江（2012. 10—2013. 12）

（八）机关八支部领导名录（2012. 10—2013. 12）

书　　记　高小盾（2012. 10—2013. 12）

委　　员　牟春梅（女，2012. 10—2013. 12）
　　　　　白　伟（女，2012. 10—2013. 12）

四、基层党组织（2012. 10—2013. 12）

（一）四川支部领导名录（2012. 10—2013. 12）

书　　记　杨明辉（2012. 10—2013. 12）

（二）彭州支部领导名录（2012. 10—2013. 12）

书　　记　薛喆磊（2012. 10—2013. 7）
　　　　　高小盾（2013. 7—12）

（三）重庆支部领导名录（2009. 11—2012. 10）

书　　记　董　刚（2009. 11—2012. 10）
　　　　　袁　军（2012. 10—2013. 12）
委　　员　董　刚（2012. 10—2013. 12）
　　　　　曹　红（女，2012. 10—2013. 12）

（四）湖南支部领导名录（2010. 7—2013. 12）

书　　记　范　丁（2012. 10—2013. 12）
委　　员　宋玉芝（2012. 10—2013. 12）
　　　　　陈　坤（2012. 10—2013. 12）

（五）陕西支部领导名录（2012. 3—2013. 12）

书　　记　郭　锋（2012. 3—2013. 12）
委　　员　戴　强（2012. 10—2013. 12）
　　　　　王燕妮（女，2012. 10—2013. 12）

（六）云南支部领导名录（2009. 11—2013. 12）

书　　记　武　玮（2009. 11—2012. 10）
　　　　　杜　疆（2012. 10—2013. 12）
委　　员　崔海翔（2012. 10—2013. 12）
　　　　　朱林涛（女，2012. 10—2013. 12）

（七）贵州支部领导名录（2009. 11—2013. 12）

书　　记　刘国强（2009. 11—2013. 7）
　　　　　刘显朋（2013. 8—12）

委　　员　卢万宁（2012. 10—2013. 12）

　　　　　阎丽霞（女，2012. 10—2013. 2）

　　　　　朱　琳（女，2013. 3—8）

　　　　　周美成（女，2013. 8—12）

第二节　工会（2009. 4—2013. 12）

2009 年 4 月，西南化工销售分公司工会委员会改选，产生新一届委员会。9 月，公司工会委员会决定，成立机关第一分会、机关第二分会、成都分会、昆明分会、长沙分会、西安分会、贵阳分会和重庆分会。11 月，选举产生公司工会委员会副主席和委员，蒋浩波当选工会副主席，张雯、第海涛、白伟当选工会委员；杨瑛当选机关一分会主席；杨明辉当选机关二分会主席。

2013 年 2 月，西南化工销售分公司工会委员会换届选举，廖良成当选工会副主席，张雯、第海涛、李雪源当选工会委员。同月，对公司基层工会组织进行调整，撤销原各分公司工会分会，分别成立重庆分公司工会委员会、云南分公司工会委员会、湖南分公司工会委员会、陕西分公司工会委员会和贵州分公司工会委员会。撤销原机关一分会和机关二分会，分别成立机关 5 个基层工会委员会。

截至 2013 年 12 月，西南化工销售分公司共有工会会员 267 名。

一、西南化工销售分公司工会委员会（2009. 4—2013. 12）

主　　席　马生荣（2009. 4—2013. 11）

　　　　　陈长青（2013. 11—12）

副 主 席　蒋浩波（2009. 11—2013. 2）

　　　　　廖良成（机关处室干部，2010. 2—2013. 12）

委　　员　张　雯（机关处室干部，2009. 11—2013. 12）

　　　　　第海涛（机关处室干部，2009. 11—2013. 12）

　　　　　白　伟（机关处室干部，2009. 11—2013. 2）

　　　　　李雪源（机关处室干部，2013. 2—2013. 12）

二、机关分工会委员会（2009. 4—2013. 12）

第一分工会主席　杨　瑛（2009. 11—2013. 2）
　　　　　　　　赵景洪（2013. 2—2013. 12）
第二分工会主席　杨明辉（2009. 11—2013. 2）
　　　　　　　　李雪源（2013. 2—12）
第三分工会主席　张　雯（2013. 2—12）
第四分工会主席　刘显朋（2013. 2—12）
第五分工会主席　董彦飞（2013. 2—12）

三、分公司工会委员会（2009. 11—2013. 12）

重庆分会主席　袁　军（2009. 11—2013. 2）
　　　　　　　李青峰（2013. 2—12）
湖南分会主席　谢丽萍（2009. 11—2013. 2）
　　　　　　　宋玉芝（2013. 2—12）
陕西分会主席　莫新兰（女，2009. 11—2013. 2）
　　　　　　　黄　红（2013. 2—12）
云南分会主席　李文利（2009. 11—2013. 12）
贵州分会主席　刘佐堂（2009. 11—2013. 2）
　　　　　　　吴　晶（2013. 2—12）

第三节　共青团（2009. 10—2013. 12）

2009 年 10 月，成立共青团西南化工销售分公司委员会。

2012 年 8 月，选举产生第一届团委委员。

截至 2013 年 12 月，西南化工销售分公司共有 35 岁以下团员青年 102 人，占公司员工总数的 40%。其中党员 50 人，占青年员工的 49%，团员 32 人，占青年员工的 31%。西南化工销售分公司团委设 3 个团支部。其中，第一团支部由财务处、总经理办公室、人事处、审计监察处、党群工作处的团员青年组成；第二团支部由仓储运输处、市场信息与价格处、规划计划处、技术服务处和企管法规处的团员青年组成；第三团支部由业务一处、业务二处、业务三处、业务四处及所属分公司的团员青年组成。

一、西南化工销售分公司团委领导名录（2009.11—2013.12）

书　　记　宋小默（2011.6—2013.12）

副 书 记　宋小默（2009.11—2011.6）

委　　员　付　阳（2012.8—2013.12）

董　辉（2012.8—2013.12）

高可成（2012.8—2013.12）

陈　琰（女，2012.8—2013.12）

刘　艳（女，2012.8—2013.12）

周子健（2012.8—2013.12）

二、西南化工销售分公司团支部领导名录

第一、二团支部领导名录（2012.8—2013.12）

书　　记　熊森钢（2012.8—2013.12）

第三团支部领导名录（2012.8—2013.12）

书　　记　王科研（2012.8—2013.12）

第五章　附　　录

第一节　组织机构名录及沿革图

一、2009 年 6 月西南化工销售分公司组织机构名录

序号	单　　位	备　　注	序号	单　　位	备　　注
（一）机关部门（14 个）					
1	总经理办公室(党委办公室)	四川省成都市金牛区	8	市场信息与价格处	四川省成都市金牛区
2	规划计划处		9	仓储运输处	
3	人事处（党委组织部）		10	技术服务处	
4	财务处		11	业务一处	
5	党群工作处（企业文化处）		12	业务二处	
6	企管法规处（质量安全环保处）		13	业务三处	
7	审计监察处（纪委办公室）		14	业务四处	
（二）所属二级单位（6 个）					
1	四川分公司	四川省成都市金牛区	4	湖南分公司	湖南省长沙市芙蓉区
2	重庆分公司	重庆市九龙坡区	5	云南分公司	云南省昆明市五华区
3	陕西分公司	陕西省西安市高新区	6	贵州分公司	贵州省贵阳市南明区

二、2009—2013年西南化工销售分公司组织机构沿革图

（一）西南化工销售公司机关部门沿革图

2009 ⟶ 2010 ⟶ 2011 ⟶ 2012 ⟶ 2013（年）

2009		2013
总经理办公室（党委办公室）	⟶	总经理办公室（党委办公室）
规划计划处	⟶	规划计划处
人事处（党委组织部）	⟶	人事处（党委组织部）
财务处	⟶	财务处
党群工作处（企业文化处）	⟶	党群工作处（企业文化处）
企管法规处（质量安全环保处）	⟶	企管法规处（质量安全环保处）
审计监察处（纪委办公室）	⟶	审计监察处（纪委办公室）
市场信息与价格处	⟶	市场信息与价格处
仓储运输处	⟶	仓储运输处
技术服务处	⟶	技术服务处
业务一处	⟶	业务一处
业务二处	⟶	业务二处
业务三处	⟶	业务三处
	业务四处 ⟶	业务四处

图例说明　⟶：延续　‖：撤销　（ ）：一个机构两个牌子

（二）西南化工销售公司二级单位沿革图

2009 → 2010 → 2011 → 2012 → 2013 → 2014（年）	说明
四川分公司 → 重庆分公司 → 湖南分公司 → 陕西分公司 → 云南分公司 → 贵州分公司 → （2012）彭州调运分公司 →	2009年6月集团公司批复成立成都、重庆、长沙、西安、昆明、贵阳等6个销售分公司；同年9月理名为四川、重庆、湖南、陕西、云南、贵州6个分公司。四川分公司2012年8月正式注册运行。
图例说明　→：延续　‖：撤销	

三、2013 年 12 月西南化工销售分公司组织机构名录

序号	单 位	备 注	序号	单 位	备 注
（一）机关部门（15 个）					
1	总经理办公室(党委办公室)	四川省成都市金牛区	9	仓储运输处	四川省成都市金牛区
2	规划计划处		10	技术服务处	
3	人事处（党委组织部）		11	业务一处	
4	财务处		12	业务二处	
5	党群工作处（企业文化处）		13	业务三处	
6	企管法规处（质量安全环保处）		14	业务四处	
7	审计监察处（纪委办公室）		15	业务五处	
8	市场信息与价格处				
（二）所属二级单位（7 个）					
1	彭州调运分公司	四川省彭州市	5	湖南分公司	湖南省长沙市芙蓉区
2	四川分公司	四川省成都市金牛区	6	云南分公司	云南省昆明市五华区
3	重庆分公司	重庆市九龙坡区	7	贵州分公司	贵州省贵阳市南明区
4	陕西分公司	陕西省西安市高新区			

第二节 主要指标完成情况

项目 \ 年份	2009	2010	2011	2012	2013
一、主营业务收入					
销售收入（亿元）	53.4	80.78	116.38	115.35	129.18
利润总额（亿元）	0.09	0.80	0.20	0.24	0.42
上缴税费（亿元）	0.20	0.47	0.89	0.72	0.82
资产总额（亿元）	6.46	13.4	14.01	14.94	16.13
二、化工产品销售量（万吨）					
合成树脂（万吨）	55.48	74.17	93.46	93.55	101.94
合成橡胶（万吨）	5.57	6.67	6.64	6.54	7.60
合成纤维及原料（万吨）	1.68	1.81	2.39	1.79	1.07
液体化工产品（万吨）	—	—	14	22.89	22.24

第三节　员工队伍结构情况

一、历年用工情况表

年　　份	2009	2010	2011	2012	2013
全部用工（人）	154	189	203	232	267
合同化员工（人）	105	119	128	154	169

二、历年员工年龄结构分布表

年　　份	2009	2010	2011	2012	2013
30 岁以下（人）	31	44	49	59	73
31~40 岁（人）	71	76	75	68	68
41~50 岁（人）	52	67	75	98	115
51 岁以上（人）	—	2	4	7	11

三、历年员工文化结构分布表

年　　份	2009	2010	2011	2012	2013
大专（人）	63	72	87	91	106
大学本科（人）	77	101	103	128	146
博士、硕士研究生（人）	14	16	13	13	15

第四节　历年党团员人数和党组织情况

年份 项目	2009	2010	2011	2012	2013
党委（个）	1	1	1	1	2
党总支（个）	1	1	1	1	0
党支部（个）	4	8	8	15	15
党员（个）	56	79	100	118	144
其中：女	17	26	33	39	43
其中：少数民族	2	4	4	4	4
发展党员（人）	—	4	15	8	8

第五节　历史荣誉

一、国家部委、地方政府、集团公司、股份公司荣誉

（一）集体荣誉

年份	获奖名称	获奖单位
2009	集团公司财务工作三等奖	财务处
2010	2010 年度集团公司统计工作先进单位	西南化工销售分公司
	集团公司报表管理先进集体	财务处
	集团公司健康安全环境信息系统应用先进单位	西南化工销售分公司
2011	集团公司先进基层党组织	机关党总支
	集团公司先进集体	重庆分公司
	集团公司先进基层工会组织	贵州分公司
	集团公司统计报表优胜单位	西南化工销售分公司
2012	集团公司统计工作先进单位	西南化工销售分公司
	集团公司先进基层党组织	机关党总支
	集团公司模范职工之家荣誉称号	公司工会
	集团公司科学技术进步二等奖（BOPP 专用料的研发与生产）	西南化工销售分公司
	四川省国资委党委先进党支部	机关一支部
2013	四川省国资委先进基层党组织	机关二支部

（二）个人荣誉（同上）

年份	荣誉名称	获奖者
2009	集团公司 HSE 信息系统应用先进个人	房巨成
2010	集团公司优秀共产党员	刘丽华、何　晨
	集团公司“十一五”统计先进工作者	颜　君
	集团公司安全生产先进个人	王新选
	集团公司党组表彰中国石油先进工会工作者	廖良成
	集团公司 HSE 信息系统应用先进个人	齐芙蓉
	集团公司保密管理先进个人	赵景洪
2011	集团公司办公室系统先进个人	陈效军
	集团公司“十一五”先进科技工作者	王俊琪
	集团公司信息化工作先进个人	熊安剑

续表

年份	荣誉名称	获奖者
2011	集团公司 HSE 信息系统应用先进个人	马晓玲
	集团公司劳动模范	马　健
	集团公司“十一五”内控先进个人	温云飞
	集团公司安全生产先进个人	齐芙蓉
	集团公司招标管理先进个人	齐芙蓉
	集团公司直属党委优秀共产党员	高小盾
	集团公司效能监察先进个人	邱永君
	集团公司优秀党务工作者和公司优秀党务工作者	廖良成
2012	集团公司投资计划管理先进个人	洪　丹
	集团公司保险管理先进个人	张　雯、杨文玲
	集团公司“五五”普法依法制企先进个人	白　伟
	集团公司安全生产先进个人	温云飞
	集团公司 HSE 管理体系推进工作先进个人	王玉霞
	集团公司模范职工之家荣誉称号	工　会
	四川省国资委党委优秀共产党员	刘国强
2013	集团公司密码工作优秀个人	侯春丽
	集团公司招标管理先进个人	马晓玲
	四川省国资委党委	宋小默

二、公司荣誉

年份	荣誉名称	获奖单位或获奖者
2009	先进集体	财务处、仓储运输处、业务二处、业务三处、重庆分公司、贵州分公司
	先进个人	洪　丹、张建圣、陈　琰、周亚光、陈　旭　杨文玲、李　凡、董彦飞、王树伟、白　伟、杨喜棠、贾连平、王炬宏、曹全武、赵　霞　王新选、秦文丽、肖德志、莫新兰、陆　叶
	先进党支部	机关一支部、昆明支部
	优秀共产党员	温云飞、龚德词、赵景洪、杨明辉、李迎春、崔海翔、卢万宁
2010	先进集体	总经理办公室、企管法规处、党群工作处、业务一处、业务三处、湖南分公司、云南分公司
	先进个人	陈效军、梁　东、李　彬、何　晨、程　茹、谢　涛、房巨成、熊　超、董　辉、李雪源、刘　艳、宋小默、徐运涛、王炬宏、王志宏、曹全武、张建新、马　翔、姜卫华、王新选、张乐蒂、秦文丽、朱林涛、阎丽霞、马国平、宋玉芝、肖德志、刘　乐、薛际强

续表

年份	荣誉名称	获奖单位或获奖者
2011	先进集体	陕西分公司、贵州分公司、业务二处、业务四处、规划计划处、党群工作处
	先进个人	高可成、代小平、任仕菊、熊森钢、杨文玲、毕卫刚、杨明辉、宋承宇、陆 叶、李 奕、贾连平、赵 霞、何 晨、杨 瑛、刘 艳、廖良成、徐英姿、房巨成、李雪源、王树伟、牟春梅、张建新、曹 红、李迎春、周子健、王 丹、刘国强、杨昌华、刘佐堂、李文利、朱林涛、郭 锋、莫新兰、王登寅
	先进党支部	机关一支部、机关三支部、重庆支部
	优秀党务工作者	任仕菊、李恒大、董 刚、刘国强、董 辉
	优秀共产党员	刘圣江、高可成、脱继庆、李雪源、白 伟、龚德词、杨文胜、熊 超、姜卫华、刘显朋、王新选、秦文丽、满万江、阎丽霞、周美成、郭 锋
2012	先进集体	总经理办公室、陕西分公司、财务处、业务二处、云南分公司
	先进个人	候春丽、吕 强、脱继庆、陈晓华、谢 涛、齐芙蓉、董 辉、李雪源、唐 利、刘 昶、曹全武、徐信沣、贾连平、杜卫东、丛 刚、杜 波、刘 萍、孟 遥、张乐蒂、崔海翔、姜宏宇、马国平、阎丽霞、范 丁、吴海燕（湖南）、于 茜、张元龙、丁学笃、张建新
	先进党支部	机关二支部、机关八支部、湖南支部、贵州支部
	优秀共产党员	梁 东、董 辉、陈 琰、任仕菊、陈 旭、方 跃、李 奕、满万江、高小盾、姜卫华、宓 红、孟 瑶、陈 坤、戴 强、李树东、卢万宁
2013	先进集体	财务处、企管法规处、业务四处、贵州分公司、湖南分公司
	先进个人	刘圣江、董 均、何 晨、温云飞、张 雯、杨文玲、何 佳、廖良成、王少华、王树伟、陈 旭、孙玉梅、王俊琪、王晓晖、王科研、薛喆磊、曹全武、杜卫东、徐信沣、宓 红、曹 红、孟 瑶、朱林涛、秦文丽、陈 坤、吴海燕（湖南）、张元龙、经 曼、卢万宁
	先进党支部	机关一支部、机关二支部、四川支部、彭州支部
	优秀共产党员	赵景洪、李雪源、付 阳、杨文玲、陈 旭、邹 峰、孙玉梅、毕卫刚、薛喆磊、徐信沣、张建新、王新选、陈 坤、戴 强、吴海燕（云南）、周美成

附　编

组织人事大事纪要

（2001—2013）

二〇〇一年

12 月　为推进化工产品销售体系整合，统一组织化工产品销售，股份公司决定，组建化工与销售西南分公司，机构规格正处级，同时撤销化工与销售西北分公司，业务上由股份公司化工与销售分公司归口管理，主要负责开拓西南区域化工产品市场。办公地点设在成都市青羊区顺城大街 206 号四川国际大厦。【油人字〔2001〕431 号】

本年员工总数 20 人。

二〇〇二年

1 月　化工与销售西南分公司决定，设综合管理部、业务部、储运部、财务部等 4 个部门，人员编制 20 人。【化字〔2002〕001 号】

5 月 22 日　股份公司决定，刘军任化工与销售西南分公司临时负责人。【油人字〔2002〕163 号】

9 月 2 日　股份公司决定，秦明星任化工与销售西南分公司总经理，刘军不再担任化工与销售西南分公司临时负责人。【油人字〔2002〕291 号】

9 月 3 日　股份公司决定，化工与销售西南分公司人员编制为 33 人，分别设综合部、管理部、业务部、储运部、财务部等 5 个职能管理部门。【油人字〔2002〕296 号】

9 月　化工与销售西南分公司于成都市正式挂牌。【公司大事记】

11 月 5 日　股份公司决定，成立化工与销售西南分公司临时党支部。秦明星任临时党支部书记，王建立任组织委员，刘丽华任宣传委员。【化字〔2002〕025 号】

本年员工总数 20 人。

二〇〇三年

8 月　化工与销售分公司决定，化工与销售西南分公司成立成都、昆明、重庆、西安、长沙等 5 个驻外销售部。【综合复字〔2003〕15 号】

12 月 25 日　化工与销售西南分公司决定，蒋浩波任综合部经理，任仕菊任财务部经理，马健任管理部经理，薛喆磊任储运部经理。【油化西南字〔2003〕47 号】

12 月 28 日　化工与销售西南分公司决定，杨文胜任管理部副经理，李恒大任业务部副经理，李凡任财务部副经理，徐勇任储运部副经理。【油化西南字〔2003〕50 号】

本年员工总数 33 人。

二〇〇四年

3 月 11 日　股份公司决定，原化工销售中心的“经理”“副经理”相应调整为化工销售分公司“总经理”“副总经理”。【油人字〔2004〕96 号】

4 月　化工与销售西南分公司决定，成立重庆销售部、昆明销售部、贵阳销售部、西安销售部、长沙销售部。【油化西南字〔2004〕11 号】

9 月 9 日　股份公司决定，调整充实化工与销售西南分公司领导班子，刘丽华任副总经理兼总会计师，马健任副总经理，王建立任副总经理。【油人字〔2004〕389 号】

10 月　化工与销售分公司党委决定，成立化工与销售西南分公司党委，

党组织关系隶属于股份公司化工与销售分公司党委。【油化党字〔2004〕7号】

11月8日 化工与销售西南分公司决定，赵景洪任昆明销售部临时负责人，叶世伟任长沙销售部临时负责人，戴强任西安销售部临时负责人，满万江任贵阳销售部临时负责人，董刚任重庆销售部临时负责人。【油化西南字〔2004〕40号】

11月 化工与销售西南分公司决定，化工产品销售业务部拆分为业务一部、业务二部、业务三部。【油化西南〔2004〕42号】

12月 化工与销售西南分公司党委决定，成立化工与销售西南分公司工会委员会。【油化西南党字〔2004〕2号】

同月 化工与销售分公司批复，同意蒋浩波任总经理助理。【油化字〔2004〕203号】

本年公司员工总数29人。

二〇〇五年

4月25日 化工与销售分公司党委决定，秦明星、刘丽华、马健、王建立、蒋浩波等5名同志任化工与销售西南分公司党委委员，秦明星同志负责党委工作。【油化党字〔2005〕5号】

5月7日 化工与销售分公司党委决定，成立中共化工与销售西南分公司纪律检查委员会。【油化党字〔2005〕9号】

6月 化工与销售西南分公司党委决定，设第一支部、第二支部和第三支部。【油化西南党字〔2005〕3号】

7月31日 化工与销售西南分公司决定，杨文胜任管理部经理、李恒大任业务三部经理、陆伟文任综合部副经理、杜疆任业务一部副经理、杨明辉任业务二部副经理、武玮任昆明销售部经理、叶世伟任贵阳销售部经理、满

万江任长沙销售部经理、董刚任重庆销售部经理、戴强任西安销售部经理。【油化西南字〔2005〕29号】

本年公司员工总数53人。

二〇〇六年

10月　化工与销售西南分公司决定，增设审计部、技术服务部。【油化西南字〔2006〕52号】

本年员工总数90人。

二〇〇七年

10月17日　化工与销售西南分公司决定，陆伟文任综合部副经理（正科级），赵景洪任综合部副经理，王亚非任管理部副经理，刘显朋任业务二部副经理，王俊琪任技术服务部副经理。【油化西南字〔2007〕67号】

本年员工总数98人。

二〇〇八年

3月3日　根据股份公司油人字〔2007〕568号文件要求，1~3月份进行人力资源系统试运行，8月23日正式启动人力资源系统。【公司大事记】

5月16日　化工与销售西南分公司组织全体员工向地震灾区捐款，共计捐款金额38000元。【公司大事记】

5月21日　按照集团公司统一安排，号召党员交纳“特殊党费”，支持抗震救灾工作，金额36500元。【公司大事记】

8月17日　股份公司决定，杨继胜同志任化工与销售西南分公司临时负责人。【公司大事记】

8月22日　化工与销售西南分公司召开全体员工大会，临时负责人杨继胜要求贯彻落实8月17日公司干部会议精神，统一思想、统一认识、稳定队伍、稳定工作，团结一致共克时艰，确保公司沿着正常的轨道健康发展。【公司大事记】

8月27日　化工与销售西南分公司召开党风廉政建设会议，邀请成都市检察院领导做预防职务犯罪专题讲座。【公司大事记】

9月17日至20日　股份公司内控专项测试小组一行9人对公司进行内控专项测试。【公司大事记】

11月25日　股份公司决定，杨继胜任化工与销售西南分公司总经理、党委书记，免去秦明星的化工与销售西南分公司总经理职务。【油人事〔2008〕948号】

12月5日　股份公司决定，化工与销售西南分公司更名为西南化工销售分公司，机构规格调整为副局级，行政上由股份公司直接管理，业务上归口炼油与化工分公司管理。【油人事〔2008〕345号】

12月30日　化工与销售西南分公司《2009版内控手册》通过股份公司审查。【公司大事记】

12月　化工与销售西南分公司化工产品销量从2001年的22.9万吨增长至2008年的58.6万吨，销售收入从12.1亿元增加到62亿元。主销品种涵盖塑料、橡胶、化纤、液体等多个门类。【公司大事记】

同年　化工与销售西南分公司开发的“果蔬用高压发泡专用料”项目正式立项，该项目的实施可弥补中石油LDPE发泡专用料应用的空白。【公司大事记】

本年员工总数119人。

二〇〇九年

2月13日　西南化工销售分公司召开全体党员大会，并组织党员干部到金堂监狱进行党风廉政教育。【公司大事记】

2月18日　西南化工销售分公司决定，王俊琪任技术服务部经理，杨瑛任管理部副经理，张雯任财务部副经理，姜卫华任技术服务部副经理，闫春雷任业务一部副经理，丛刚任业务三部副经理。【油化西南字〔2009〕10号】

3月17日　西南化工销售分公司召开学习实践科学发展观活动动员大会。【公司大事记】

3月30日　西南化工销售分公司召开规章制度发布实施动员大会。【公司大事记】

4月3日　股份公司决定，杨继胜任西南化工销售分公司总经理。【石油任〔2009〕68号】

4月7日　集团公司党组决定，马生荣任西南化工销售分公司党委书记。【中油党组〔2009〕12号】

4月8日　股份公司决定，调整西南化工销售分公司领导班子，杨继胜任党委副书记，马生荣任副总经理、纪委书记、工会主席，刘丽华任副总经理兼总会计师、党委委员，马健任副总经理、党委委员，王建立任副总经理兼安全总监、党委委员。【油人事〔2009〕264号】

4月7日　西南化工销售分公司决定，武玮任昆明销售部经理（正科级）；董刚任重庆销售部经理（正科级）；满万江任长沙销售部经理（正科级），叶世伟任贵州销售部经理（正科级）；戴强任西安销售部经理（正科级）；马晓玲任内控办公室经理（正科级）；高小盾任管理部副经理（正科级）；范丁任长沙销售部副经理；袁军任重庆销售部副经理；方跃任重庆销售部副经理；刘国强任贵阳销售部副经理；卢万宁任贵阳销售部副经理；秦文丽任昆明销售部副经理；孙琼任西安销售部副经理；邱永君任财务部副经

理。【油化西南字〔2009〕18号】

4月10日 西南化工销售分公司召开干部大会，集团公司宣布公司领导班子调整决定。【公司大事记】

4月13日 西南化工销售分公司召开深入学习实践科学发展观活动学习讨论成果交流会。【公司大事记】

4月 西南化工销售分公司工会改选，产生新一届委员会。【公司大事记】

6月18日 股份公司决定，西南化工销售分公司机构设总经理办公室（党委办公室）、计划调运处、人事处（党委组织部）、财务处、党群工作处（企业文化处）、企管法规处（质量安全环保处）、审计监察处（纪委办公室）、市场信息与价格处等8个职能处室；仓储配送处、业务一处、业务二处、业务三处、业务四处、技术服务处等6个业务处室；成都、重庆、长沙、西安、昆明、贵阳6个销售分公司，其中成都、重庆销售分公司按副处级单位管理，其他单位仍按科级管理。【油人事〔2009〕469号】

6月23日 西南化工销售分公司召开“深入学习实践科学发展观活动”总结大会，集团公司第三指导检查组出席会议。【公司大事记】

6月28日 西南化工销售分公司在成都举行揭牌仪式。【公司大事记】

7月8日 西南化工销售分公司决定，蒋浩波任西南化工销售分公司总经理助理兼党群工作处负责人，配合公司总经理协管办公室工作，陈效军任总经理办公室（党委办公室）负责人，杨瑛任规划计划处负责人，陆伟文任人事处（党委组织部）负责人，任仕菊任财务处负责人，马晓玲任企管法规处（质量安全环保处）负责人，邱永君任审计与监察处（纪委办公室）负责人；杨文胜任市场信息与价格处负责人，王俊琪任技术服务处负责人，高小盾任仓储运输处负责人，杜疆任业务一处负责人，杨明辉任业务二处负责人，李恒大任业务三处负责人，武玮任昆明分公司负责人，袁军任重庆分公司负责人，范丁任长沙分公司负责人；戴强任西安分公司负责人，刘国强任贵阳分公司负责人。【油化西南字〔2009〕33号】

7月15日 公司“ABS空调专用料色差研究”项目在北京通过股份公司专家组验收。【公司大事记】

7 月 30 日　西南化工销售分公司传达落实集团“深入学习实践科学发展观活动”总结会议精神。【公司大事记】

8 月 6 日　西南化工销售分公司组织召开集团公司领导干部会议精神学习研讨会。【公司大事记】

8 月 21 日　西南化工销售分公司党委号召向员工唐大江患有先天性心脏病的女儿捐款，共计捐款 33150 元。【公司大事记】

9 月 8 日　股份公司批复，同意成都分公司更名为四川分公司，重庆、长沙、西安、昆明、贵阳化工产品销售部更名为重庆分公司、湖南分公司、陕西分公司、云南分公司、贵州分公司。【油人事〔2009〕708 号】

9 月 10 日　西南化工销售分公司党委决定，成立共青团西南化工销售分公司委员会，下设第一团支部、第二团支部、第三团支部。【西南化销党〔2009〕3 号】

同日　独山子新产品货运列车停靠公司库房，标志着独山子大乙烯新产品已进入西南市场。【公司大事记】

9 月 11 日　股份公司决定，马健任西南化工销售分公司安全总监。【油人事〔2009〕723 号】

9 月 14 日　西南化工销售分公司工会决定，成立机关第一分会、机关第二分会、成都分会、昆明分会、长沙分会、西安分会、贵阳分会和重庆分会。【西南化销党〔2009〕5 号】

10 月 16 日　西南化工销售分公司与联成化学科技股份有限公司就石化原料供应座谈并签订框架协议。【公司大事记】

10 月 22 日　西南化工销售分公司决定，陈效军任总经理办公室（党委办公室）主任，杨瑛任规划计划处副处长（主持工作），陆伟文任人事处（党委组织部）处长，蒋浩波任企业文化处（党群工作处）处长，任仕菊任财务处处长，马晓玲任企管法规处（质量安全环保处）处长，邱永君任审计与监察处（纪委办公室）副处长（主持工作），杨文胜任市场信息与价格处副处长（主持工作），王俊琪任技术服务处处长，高小盾任仓储运输处处长，杜疆任业务一处处长，杨明辉任业务二处处长，李恒大任业务三处处长，武玮任云南分公司经理（正科级），袁军任重庆分公司经理（正科级），范丁任湖南分公司经理（正科级），刘国强任贵州分公司经理（正科级），孙琼任陕西分公司副经理（副科级主持工作）。【油化西南字〔2009〕22号】

同日 西南化工销售分公司决定，赵景洪任总经理办公室（党委办公室）副主任，李凡任财务处副处长，张雯任财务处副处长，姜卫华任技术服务处副处长，王亚非任仓储运输处副处长，王俊琪任技术服务处处长，高小盾任仓储运输处处长，刘显朋任业务二处副处长，秦文丽任云南分公司副经理（副科级），董刚任重庆分公司副经理（正科级），方跃任重庆分公司副经理（正科级），满万江任湖南分公司副经理（正科级），卢万宁任贵州分公司副经理（副科级），丛刚任陕西分公司副经理（副科级）。【西南化销〔2009〕23号】

11月5日 西南化工销售分公司党委决定，宋小默（女，回族）任西南化工销售分公司团委副书记（副科级）。【西南化销党〔2009〕6号】

同日 选举产生西南化工销售分公司工会委员会副主席和委员，蒋浩波当选工会副主席，张雯、第海涛、白伟当选工会委员。【公司大事记】

同日 西南化工销售分公司与南充市举行“中国石油与南充市石化资源产业发展战略合作协议”签约仪式。【公司大事记】

11月12日 西南化工销售分公司与重庆市举行“中国石油与重庆市石化资源产业发展战略合作协议”签约仪式。【公司大事记】

11月20日 西南化工销售分公司召开党务干部培训会，机关党总支书记、委员，公司团委副书记，各支部书记、委员参加。【公司大事记】

12月11日 首个奎屯至成都北运输独山子石化100万吨大乙烯产品的“五定班列”到达成都仓库，标志着西南运输瓶颈问题的解决取得突破性进展。【公司大事记】

本年员工总数154人。

二〇一〇年

1月4日　西南化工销售分公司召开安全工作会议。【公司大事记】

同日　西南化工销售分公司决定，杨文胜任市场信息与价格处处长，第海涛任总经理办公室（党委办公室）副主任，廖良成任企业文化处（党群工作处）副处长。【西南化销〔2010〕1号】

1月12日　西南化工销售分公司决定，孙琼任业务一处副处长，免去其陕西分公司副经理。【西南化销〔2010〕3号】

1月26日　西南化工销售分公司邀请青羊区检察院做预防职务犯罪知识讲座。【公司大事记】

2月6至7日　西南化工销售分公司召开首届一次职工代表大会。【公司大事记】

2月10日　股份公司批复，同意蒋浩波任西南化工销售分公司总经理助理。【油人事函〔2010〕20号】

2月22日　西南化工销售分公司决定，蒋浩波任总经理助理兼企业文化处（党群工作处）处长。【西南化销〔2010〕11号】

6月9日　西南化工销售分公司办公地址搬迁至成都市金牛区金科南路1号黑格中心。【公司大事记】

6月29日　西南化工销售分公司决定，李奕任业务四处副处长（主持工作）。【西南化销〔2010〕44号】

6月　西南化工销售分公司党组织关系由集团公司直属机关党委转入中共四川省国资委党委。【川组任〔2010〕259号】

7月13日　集团公司效能监察组一行6人进驻公司开展效能监察专项检查。【公司大事记】

8月25日　西南化工销售分公司与云天化集团签署战略合作协议。【公司大事记】

10月15日 股份公司批复，同意任仕菊任总经理助理、马晓玲任安全副总监。【油人事函〔2010〕92号】

10月19日 西南化工销售分公司决定，任仕菊任总经理助理兼财务处处长、马晓玲任安全副总监兼企管法规处（质量安全环保处）处长。【西南化销〔2010〕74号】

11月15日 西南化工销售分公司决定，王树伟任市场信息与价格处副处长，温云飞任企管法规处（质量安全环保处）副处长，郭锋任陕西分公司副经理。【西南化销〔2010〕78号】

12月23日 西南化工销售分公司决定，郭锋任陕西分公司副经理（主持工作），王兴、黄红任陕西分公司副经理。【西南化销〔2010〕84号】

同日 西南化工销售分公司决定，丛刚任仓储运输处副处长，免去丛刚陕西分公司副经理职务。【西南化销〔2010〕85号】

本年员工总数189人。

二〇一一年

1月26日至28日 西南化工销售分公司召开首届二次职工代表大会。【公司大事记】

4月8日 西南化工销售分公司荣获股份公司2010年度财务报告二等奖。【公司大事记】

5月10日 集团公司“石油魂”宣讲总队来公司宣讲。【公司大事记】

5月18日 中国石油医用合成材料研讨会在西南化工销售分公司召开。【公司大事记】

5月30日 西南化工销售分公司决定，李奕任业务四处处长；廖良成任党群工作处（企业文化处）副处长（主持工作），免去蒋浩波兼任的党群工作处（企业文化处）处长一职。【西南化销〔2011〕32号】

6月17日 西南化工销售分公司党委决定，宋小默任公司团委书记。

【西南化销党〔2011〕8号】

6月25日　西南化工销售分公司与西南石油大学（四川华旗化工科技公司）举行石化原料供应框架协议签字仪式。【公司大事记】

7月14日　股份公司决定，蒋浩波任西南化工销售分公司副总经理、党委委员。【油人事〔2011〕332号】

9月7日　西南化工销售分公司决定，袁军任重庆分公司经理。【西南化销〔2011〕48号】

10月14日至15日　西南化工销售分公司首届员工运动会在成都金牛体育中心举行。【公司大事记】

11月17日　西南化工销售分公司提前44天完成全年"双百"奋斗目标。【公司大事记】

12月25日　西南化工销售分公司副总经理兼总会计师刘丽华获"2011中国总会计师年度人物"奖，公司财务处获"2011年度最佳财务管理团队"奖。【公司大事记】

12月31日　西南化工销售分公司决定，郭锋任陕西分公司经理，王玉霞任企管法规处（质量安全环保处）副处长。【西南化销〔2011〕70号】

本年员工总数197人。

二〇一二年

1月6日　西南化工销售分公司赴青羊区太升路玉沙社区开展扶贫帮困献爱心活动。【公司大事记】

1月16日至17日　西南化工销售分公司召开首届三次职工代表大会。【公司大事记】

2月24日　西南化工销售分公司决定，邱永君任审计监察处（纪委办公室）处长。【西南化销〔2012〕12号】

2月28日 西南化工销售分公司总经理杨继胜当选都市青羊区第六届人民代表大会代表。【公司大事记】

3月31日 股份公司批复，同意成立彭州调运分公司和业务五处。【油人事〔2012〕144号】

4月11日 西南化工销售分公司重庆仓储中心项目可研报告评估会在北京举行。【公司大事记】

4月19日 西南化工销售分公司决定，方跃任企管法规处（质量安全环保处）副处长，免去方跃重庆分公司副经理职务。【西南化销〔2012〕19号】

5月3日 西南化工销售分公司决定，薛喆磊任仓储运输处副处长（副处级）。【西南化销〔2012〕21号】

5月9日 集团公司对公司“三重一大”决策制度贯彻落实情况进行检查。【公司大事记】

6月13日 股份公司批复，同意马晓玲任总经理助理。【油人事函〔2012〕39号】

6月28日 西南化工销售分公司石化固体产品仓储物流中心项目入驻重庆西部现代物流园。【公司大事记】

7月2日 西南化工销售分公司决定，马晓玲任总经理助理兼企管法规处（质量安全环保处）处长，免去安全副总监职务。【西南化销〔2012〕28号】

8月7日 西南化工销售分公司决定，杨明辉任四川分公司经理，薛喆磊任彭州调运分公司经理。【西南化销〔2012〕33号】

同日 西南化工销售分公司决定，杜疆任云南分公司经理（副处级），免去业务一处处长职务；杨瑛任规划计划处处长；廖良成任党群工作处（企业文化处）处长；脱继庆任人事处（党委组织部）副处长；董彦飞任规划计划处副处长；李雪源任审计监察处（纪委办公室）副处长；孙琼任业务一处副处长（主持工作）；武玮任业务三处副处长，免去云南分公司经理职务；满万江任业务四处副处长，免去湖南分公司副经理职务；徐运涛任湖南分公司副经理；王志宏任贵州分公司副经理；第海涛兼任彭州调运分公司副经理；李青峰任重庆分公司财务负责人；李文利任云南分公司财务负责人；吴晶任贵州分公司财务负责人。【西南化销〔2012〕40号】

8月7日　西南化工销售分公司决定，成立彭州调运分公司。【西南化销〔2012〕32号】

9月　西南化工销售分公司党委决定，撤销直属机关党总支，成立中共西南化工销售分公司直属机关党委。【西南化销〔2012〕9号】

9月17日　西南化工销售分公司决定，姜卫华任四川分公司副经理，免去技术服务处副处长职务，张建新任彭州调运分公司副经理。【西南化销〔2012〕44号】

10月15日　西南化工销售分公司完成支部换届选举工作，基层党支部由上届9个调整为15个，选举产生新一届支部委员39人。【公司大事记】

10月23日　西南化工销售分公司直属机关党委组织召开首次党员代表大会，选举产生直属机关党委委员。【公司大事记】

同日　西南化工销售分公司与BASF公司签订《纯苯销售与购买协议》。【公司大事记】

12月8日　西南化工销售分公司重庆仓储物流中心项目举行奠基仪式。【公司大事记】

12月　西南化工销售分公司获集团公司2012年度统计工作先进单位称号。【公司大事记】

本年员工总数232人。

二〇一三年

1月4日　西南化工销售分公司召开2013年安全工作会议暨《企业管理手册》发布会。【公司大事记】

1月16日 股份公司批复，陕西分公司、云南分公司机构规格调整为副处级。【油人事〔2013〕22号】

1月30至31日 公司召开二届一次职工代表大会。【公司大事记】

2月7日 西南化工销售分公司决定，王志宏任重庆分公司副经理，免去贵州分公司副经理职务；李青峰任重庆分公司副经理；宋玉芝任湖南分公司副经理；李文利任云南分公司副经理；吴晶任贵州分公司副经理。【西南化销〔2013〕9号】

2月18日 西南化工销售分公司工会委员会换届选举，廖良成当选工会副主席，张雯、第海涛、李雪源当选工会委员。【西南化销〔2013〕2号】

3月8日 西南化工销售分公司决定，郭锋任陕西分公司经理（副处级），范丁任湖南分公司经理（副处级），刘国强任贵州分公司经理（副处级）。【西南化销〔2013〕10号】

同日 西南化工销售分公司质量管理体系通过北京三星ISO9000认证中心监督审核。【公司大事记】

3月 四川分公司线性产品单月销售量突破万吨，创单项产品销售历史纪录。【公司大事记】

4月23日 西南化工销售分公司组织干部员工向芦山地震灾区捐款3万多元。【公司大事记】

6月5日 股份公司批复，同意化工销售分公司编制增加15人。【油人事〔2013〕214号】

6月28日 西南化工销售分公司决定，明确彭州调运分公司编制定员。【西南化销〔2013〕30号】

7月24日 西南化工销售分公司决定，杜疆任业务二处处长，免去云南分公司经理职务；刘国强任业务三处处长，免去贵州分公司经理职务；薛喆磊任仓储运输处处长，免去彭州调运分公司经理职务；高小盾任彭州调运分公司经理，免去仓储运输处处长职务；秦文丽任云南分公司副经理（主持工作）；刘显朋任贵州分公司副经理（主持工作），免去业务二处副处长职务；李恒大任技术服务处副处长，免去业务三处处长职务；武玮任业务一处副处长，免去业务三处副处长职务；免去杨明辉业务二处处长职务。【西南化销〔2013〕32 号】

8 月 8 日　西南化工销售分公司召开“群众路线教育实践活动”动员会。【公司大事记】

10 月 23 日　彭州调运分公司正式入驻彭州市，办公地点设在彭州市牡丹西路南段 45 号置信写字楼 9 楼。【公司大事记】

10 月 30 日　西南化工销售分公司决定，董刚任陕西分公司副经理（主持工作），王兴任云南分公司副经理。【西南化销〔2013〕39 号】

11 月 29 日　集团公司党组决定，陈长青同志任西南化工销售分公司党委书记；免去马生荣同志的党委书记职务，另有任用。【中油党组〔2013〕88 号】

同日　股份公司决定，陈长青同志任西南化工销售分公司纪委书记、工会主席、副总经理，免去马生荣同志的党委委员、纪委书记、工会主席、副总经理职务。【油人事〔2013〕504 号】

12 月 13 至 14 日　四川石化产品推介会在成都召开。【公司大事记】

本年员工总数 267 人。

《中国石油组织史资料》系列图书出版说明

为充分发挥组织史“资政、存史、育人、交流”的作用，2012年3月，中国石油天然气集团公司（以下简称集团公司）全面启动《中国石油组织史资料》的编纂工作，并明确由集团公司人事部负责具体牵头组织。《中国石油组织史资料》系列图书分总部卷、企业卷、基层卷三个层次进行编纂出版。

《中国石油组织史资料》（1949—2013）总部卷共5卷9册，由集团公司人事部编纂办公室负责组织编纂，石油工业出版社组织史资料编辑部负责具体承办，并于2014年12月出版发放。

《中国石油组织史资料》企业卷系列图书，由各企事业单位人事部门负责牵头组织编纂，报集团公司人事部编纂办公室规范性审查后，由石油工业出版社统一出版。企业卷规范性审查由集团公司人事部白广田、于维海总负责，图书出版统筹由鲜德清、王昕总负责，由李廷璐、王海英、周勇具体负责。《中国石油组织史资料》基层卷由各企事业单位负责组织下属单位编纂，石油工业出版社提供出版和技术支持。

企业卷统一出版代码：

CNPC-YT——油气田企业　　CNPC-LH——炼化企业
CNPC-XS——销售企业　　CNPC-GD——管道企业
CNPC-HW——海外企业　　CNPC-GC——工程技术企业
CNPC-JS——工程建设企业　　CNPC-ZB——装备制造企业
CNPC-KY——科研单位　　CNPC-QT——其他单位

编纂《中国石油组织史资料》系列图书是集团公司组织人事和基础管理建设工作的大事，是一项政策性、业务性、技术性、规范性很强的业务工作，是一项艰巨浩繁的系统工程。《中国石油组织史资料》系列图书的编纂，如实理清了中国石油60多年来，从国家部委时期到中国石油天然气总公司时期再到中国石油天然气集团公司时期各级党政组织的成立、更名、发展、撤并以及领导干部变动情况等内容，为企业资政、存史、育人、交流提供了可信的依据。这套系统、完整的中国石油组织史资料，既丰富了石油企业的历史资料，又增添了国家的工业企业史资料，不仅为组织人事、史志研究、档案管理等部门从事有关业务提供了诸多便利，而且为体制改革和机构调整提供了历史借鉴。值此《中国石油组织史资料》系列图书出版之际，谨向对该套图书出版工作给予支持和帮助的所有单位和人员表示衷心的感谢！

由于掌握资料和编纂者水平有限，丛书难免存有错漏，恳请读者批评指正。对总部卷的意见建议请联系集团公司人事部编纂办公室或石油工业出版社组织史资料编辑部；对各单位企业卷、基层卷的意见建议请联系各单位编纂组或组织史资料编辑部。对书中错漏之处我们将统一在今后续编时一并修改完善。

中国石油组织史资料编纂办公室联系方式

联系单位：中国石油天然气集团公司人事部综合处
通信地址：北京市东直门北大街 9 号石油大厦 C1103，100007
联系电话：010-59984913、59984721，传真：010-62095679
电子邮箱：rsbzhc@cnpc.com.cn

中国石油组织史资料编辑部联系方式

联系单位：石油工业出版社大众图书出版公司
通信地址：北京市朝阳区安华里二区 1 号楼，100011
联系电话：010-62067197、64523616、64523611
电子邮箱：cnpczzs@cnpc.com.cn

《中国石油组织史资料》系列图书目录

编号	书名	编号	书名
总部卷			
第一卷	国家部委时期（1949.10—1988.9）（上中下）	附卷一	组织人事大事纪要（1949—2013）（上下）
第二卷	中国石油天然气总公司时期（1988.9—1998.7）	附卷二	文献资料选编（1949—2013）
第三卷	中国石油天然气集团公司时期（1998.7—2013.12）（上下）		

续表

编号	书名	编号	书名
油气田单位企业卷（16）			
CNPC–YT01	大庆油田组织史资料	CNPC–YT09	青海油田组织史资料
CNPC–YT02	辽河油田组织史资料	CNPC–YT10	华北油田组织史资料
CNPC–YT03	长庆油田组织史资料	CNPC–YT11	吐哈油田组织史资料
CNPC–YT04	塔里木油田组织史资料	CNPC–YT12	冀东油田组织史资料
CNPC–YT05	新疆油田组织史资料	CNPC–YT13	玉门油田组织史资料
CNPC–YT06	西南油气田组织史资料	CNPC–YT14	浙江油田组织史资料
CNPC–YT07	吉林油田组织史资料	CNPC–YT15	煤层气公司组织史资料
CNPC–YT08	大港油田组织史资料	CNPC–YT16	南方石油勘探开发公司组织史资料
炼油化工单位和海外业务企业卷（32）			
CNPC–LH01	大庆石化组织史资料	CNPC–LH17	华北石化组织史资料
CNPC–LH02	吉林石化组织史资料	CNPC–LH18	呼和浩特石化组织史资料
CNPC–LH03	抚顺石化组织史资料	CNPC–LH19	辽河石化组织史资料
CNPC–LH04	辽阳石化组织史资料	CNPC–LH20	长庆石化组织史资料
CNPC–LH05	兰州石化组织史资料	CNPC–LH21	克拉玛依石化组织史资料
CNPC–LH06	独山子石化组织史资料	CNPC–LH22	庆阳石化组织史资料
CNPC–LH07	乌鲁木齐石化组织史资料	CNPC–LH23	前郭石化组织史资料
CNPC–LH08	宁夏石化组织史资料	CNPC–LH24	东北化工销售组织史资料
CNPC–LH09	大连石化组织史资料	CNPC–LH25	西北化工销售组织史资料
CNPC–LH10	锦州石化组织史资料	CNPC–LH26	华东化工销售组织史资料
CNPC–LH11	锦西石化组织史资料	CNPC–LH27	华北化工销售组织史资料
CNPC–LH12	大庆炼化组织史资料	CNPC–LH28	华南化工销售组织史资料
CNPC–LH13	哈尔滨石化组织史资料	CNPC–LH29	西南化工销售组织史资料
CNPC–LH14	广西石化组织史资料	CNPC–LH30	大连西太组织史资料
CNPC–LH15	四川石化组织史资料	CNPC–LH31	广东石化组织史资料
CNPC–LH16	大港石化组织史资料	CNPC–HW01	中国石油海外业务卷
销售单位企业卷（37）			
CNPC–XS01	东北销售组织史资料	CNPC–XS13	河北销售组织史资料
CNPC–XS02	西北销售组织史资料	CNPC–XS14	山西销售组织史资料
CNPC–XS03	华北销售暨北京销售组织史资料	CNPC–XS15	内蒙古销售组织史资料
CNPC–XS04	上海销售组织史资料	CNPC–XS16	陕西销售组织史资料
CNPC–XS05	湖北销售组织史资料	CNPC–XS17	甘肃销售组织史资料
CNPC–XS06	广东销售组织史资料	CNPC–XS18	青海销售组织史资料
CNPC–XS07	云南销售组织史资料	CNPC–XS19	宁夏销售组织史资料
CNPC–XS08	辽宁销售组织史资料	CNPC–XS20	新疆销售组织史资料
CNPC–XS09	吉林销售组织史资料	CNPC–XS21	重庆销售组织史资料
CNPC–XS10	黑龙江销售组织史资料	CNPC–XS22	四川销售组织史资料
CNPC–XS11	大连销售组织史资料	CNPC–XS23	贵州销售组织史资料
CNPC–XS12	天津销售组织史资料	CNPC–XS24	西藏销售组织史资料

续表

编号	书名	编号	书名
CNPC-XS25	江苏销售组织史资料	CNPC-XS32	湖南销售组织史资料
CNPC-XS26	浙江销售组织史资料	CNPC-XS33	广西销售组织史资料
CNPC-XS27	安徽销售组织史资料	CNPC-XS34	海南销售组织史资料
CNPC-XS28	福建销售组织史资料	CNPC-XS35	润滑油公司组织史资料
CNPC-XS29	江西销售组织史资料	CNPC-XS36	燃料油公司组织史资料
CNPC-XS30	山东销售组织史资料	CNPC-XS37	大连海运组织史资料
CNPC-XS31	河南销售组织史资料		
天然气管道单位企业卷（13）			
CNPC-GD01	北京油气调控中心组织史资料	CNPC-GD08	京唐液化天然气公司组织史资料
CNPC-GD02	管道建设项目经理部组织史资料	CNPC-GD09	大连液化天然气公司组织史资料
CNPC-GD03	管道公司组织史资料	CNPC-GD10	江苏液化天然气公司组织史资料
CNPC-GD04	西气东输公司组织史资料	CNPC-GD11	华北天然气销售公司组织史资料
CNPC-GD05	北京天然气管道公司组织史资料	CNPC-GD12	昆仑燃气公司组织史资料
CNPC-GD06	西部管道公司组织史资料	CNPC-GD13	昆仑能源公司组织史资料
CNPC-GD07	西南管道公司组织史资料		
工程技术单位企业卷（7）		**工程建设单位企业卷（8）**	
CNPC-GC01	西部钻探公司组织史资料	CNPC-JS01	管道局组织史资料
CNPC-GC02	长城钻探公司组织史资料	CNPC-JS02	工程建设公司组织史资料
CNPC-GC03	渤海钻探公司组织史资料	CNPC-JS03	工程设计公司组织史资料
CNPC-GC04	川庆钻探公司组织史资料	CNPC-JS04	中国寰球工程公司组织史资料
CNPC-GC05	东方物探公司组织史资料	CNPC-JS05	中国昆仑工程公司组织史资料
CNPC-GC06	测井公司组织史资料	CNPC-JS06	东北炼化工程公司组织史资料
CNPC-GC07	海洋工程公司组织史资料	CNPC-JS07	第一建设公司组织史资料
		CNPC-JS08	第七建设公司组织史资料
装备制造和科研单位企业卷（12）			
CNPC-ZB01	技术开发公司组织史资料	CNPC-KY02	规划总院组织史资料
CNPC-ZB02	宝鸡石油机械公司组织史资料	CNPC-KY03	石油化工研究院组织史资料
CNPC-ZB03	宝鸡石油钢管公司组织史资料	CNPC-KY04	经济技术研究院组织史资料
CNPC-ZB04	济柴动力总厂组织史资料	CNPC-KY05	钻井工程技术研究院组织史资料
CNPC-ZB05	渤海石油装备公司组织史资料	CNPC-KY06	安全环保技术研究院组织史资料
CNPC-KY01	勘探开发研究院组织史资料	CNPC-KY07	石油管工程技术研究院组织史资料
其他单位企业卷（14）			
CNPC-QT01	北京石油管理干部学院组织史资料	CNPC-QT08	运输公司组织史资料
CNPC-QT02	石油工业出版社组织史资料	CNPC-QT09	中国华油集团公司组织史资料
CNPC-QT03	中国石油报社组织史资料	CNPC-QT10	华油北京服务总公司组织史资料
CNPC-QT04	审计服务中心组织史资料	CNPC-QT11	昆仑信托 中油资产组织史资料
CNPC-QT05	广州培训中心组织史资料	CNPC-QT12	中油财务公司组织史资料
CNPC-QT06	国际事业公司组织史资料	CNPC-QT13	昆仑银行组织史资料
CNPC-QT07	物资公司组织史资料	CNPC-QT14	昆仑金融租赁公司组织史资料